JN221122

バーミキュラで
シンプルごはん

馬場裕之

Olive Oil

はじめに

僕が幼い頃から好きだったこと、それが“料理”です。自分で作れば、安心できる食材を使えるし、好みの味になる、それが料理をする上でのいちばんの魅力です。小さい頃からやってきた料理は今では趣味の域を越え、テレビやWEBなどでいろいろと仕事もさせてもらうようになりました。

そんなとき、出合ったのがバーミキュラでした。「メイド・イン・ジャパンの鋳物ホーロー鍋がある」という評判を聞き、名古屋でやっているレギュラー番組でロケに行きたいと自分からお願いして実現。バーミキュラの製造・販売元である愛知ドビー株式会社にお邪魔し、その企業姿勢や職人さんの技とこだわりにすごく感動し、バーミキュラのファンになったのです。

バーミキュラで作ると、食材の持つ本来の味わいが引きだされ、シンプルな調理でも驚くほど美味しくなる。もともと僕の料理も「足し算よりは引き算」がモットーで、それでいて食材の旨みを感じられるものが好きだったので、僕にはまさにぴったりの鍋でした。

だから、この本では、僕の料理とバーミキュラの鍋に共通する「素材の持つ味わいを活かすこと」を大事にしました。調理はシンプルで簡単に。手間はなるべくかけず、毎日食べたくなる日常の料理ながら、ごちそう感の出るレシピを揃えました。

食卓の真ん中に、どーんとバーミキュラの鍋をおいて、
家族と、友だちと、大切な人と……みんなでワイワイ鍋を囲んでごはんを食べる。
この本の料理で、そんな当たり前の幸せのお手伝いができたらいいなぁと思っています。

馬場　裕之

バーミキュラはここがすごい！

メイド・イン・ジャパンの鋳物（いもの）ホーロー鍋であるバーミキュラは、愛知ドビー株式会社が開発した高機能な鍋です。使いやすく、料理が美味しくなるよう、細部に渡って考え抜かれたこの鍋の特徴を、ポイントで紹介します。

職人技が生み出す蓋の密閉性！

蓋と本体の接合部分はなんと0.01㎜の精度で職人により削られているので、ピタッと閉まる。これにより鍋の密閉性が高まり、蒸気をしっかり閉じ込める＝鍋の中で対流が起きるため、素材の旨みを逃さないのです。

熱伝導率が高い＝美味しく仕上がる！

熱伝導率のよい鋳鉄に、保温性の高いホーローを3層にコーティングして作られているバーミキュラの鍋。熱がムラなく均等に伝わるほか、遠赤外線の効果により、弱火でも食材の組織を破壊することなく調理ができます。

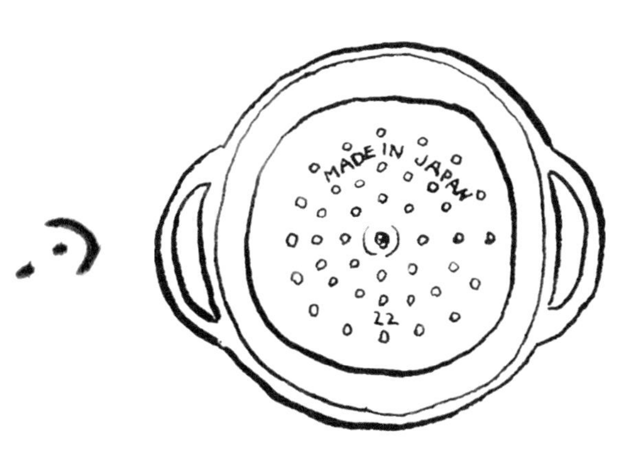

蓋の突起で旨みと水分を逃がさない

蓋の裏側についた数々の突起、じつはこれも美味しさのために考えられて作られたもの。熱せられた蒸気が対流し、水滴として突起から落ちて食材に振りかかるため、しっとり仕上がります。水分を逃さない無水調理が得意なのもこのためです。

ダブルの取っ手が使いやすい

蓋にも取っ手があるのがバーミキュラの大きな特徴。これにより鍋を蓋ごと持ち上げた際、ダブルの取っ手になっていることで重さが分散し、持ちやすくなります。この細やかな気遣いはメイド・イン・ジャパンならでは！

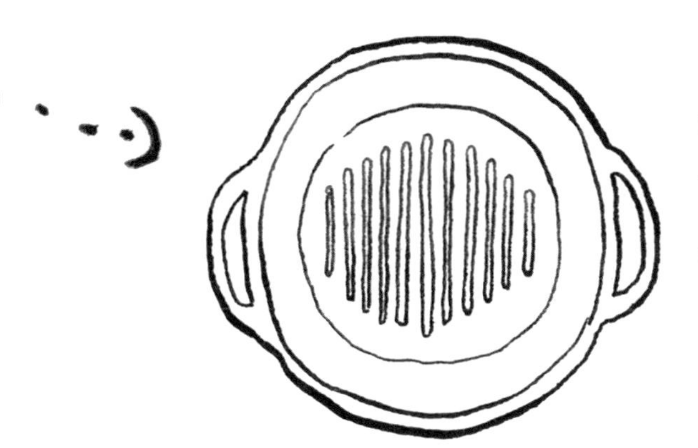

鍋底のリブに秘密あり！

鍋底がリブ状になっているのもバーミキュラの大きな特徴のひとつ。これにより食材の接地面積が最小限となり、ちょうどよい熱の入り方になるだけでなく、美味しそうな焼き色を付けることができます。

火加減をマスターして
バーミキュラを使いこなす！

バーミキュラでの調理における最大のポイント、それが火加減です。食材の持つ美味しさを引きだすために普通の鍋とは異なる部分が多いので、しっかりと火加減のコツをマスターしましょう。

ごく弱火

炎はごくわずかに出ているが鍋底からは遠く、弱火よりも一段階小さな火の状態。蒸気は出ないか、ゆらっゆらっとわずかに出る。調理終盤で使うことが多く、蒸気の勢いを弱める場合や卵をふんわり仕上げる場合、料理の保温に使用。

こんな料理に
「きほんのごはん」(P32)、「長いもホワイトソースドリア」(P67)、「ケランチム」(P72) など

弱火

バーミキュラ調理における基本の火加減。炎は鍋底についていない状態で、鍋全体が温まると蒸気がゆらゆらと斜め上に向かって出続けている状態。無水調理など、じっくり火を入れる場合は弱火が基本となる。

こんな料理に
「鶏のビール蒸し」(P22)、「サムゲタン」(P30)、「キーマカレー」(P40)、「焼きいも」(P86) など

※使用できる熱源

バーミキュラはガスコンロの火やIH 調理、ハロゲンヒーター、オーブン（～300℃）などさまざまな熱源で調理ができます。ただし電子レンジでの調理は厳禁です。

中火

炎は鍋底についていて、蒸気は鍋が温まってくると勢いよく横に向かって噴き出す状態。料理の始めに鍋を温めるときや食材を炒めるとき、焼き色を付けるときなどに使用。最初は中火からスタートする場合が多い。

こんな料理に
「ローストチキン」（P36）、「パスタを使って簡単パエリア」（P42）、「アサリの酒蒸し」（P48）など

絶対ダメ！
強火は厳禁！

バーミキュラの調理において強火という概念はありません！　強火にしてしまうとホーローが割れる原因となるため、強火で調理することはまずありえません。「火はいちばん強くても中火」、これが鉄の掟となります。

馬場ちゃんアドバイス！

最初にバーミキュラの鍋を使うときは火加減がわからず、オロオロしてしまいがち。それにIHとガスコンロでは同じ弱火でも火の大きさが異なるので微妙な調整が難しいですよね。そんなときは鍋に水を入れ、お湯を沸かして蒸気の出かたをチェック。そうすると失敗なくできますよ。

バーミキュラの取り扱いで注意すべき5つのポイント

バーミキュラは特徴の多い鍋ですが、それだけに扱い方も他の鍋とは異なります。長く使える一生ものの鍋だからこそ、毎日の扱い方にはしっかり気を付けたいところ。鍋の特性を知って、丁寧かつ大事に扱うクセをつけましょう。

金物はNG。調理器具は木かゴムで

調理器具は、必ず木べらや耐熱のプラスチック樹脂系のものを使用しましょう。というのも、ホーローの鍋ですから、金物などの調理器具だとホーローを傷つけてしまいます。そこから割れたりする原因にもなるので注意しましょう。

鍋が熱くなるので鍋つかみはマスト！

鍋の保温性の高さはバーミキュラの長所ですが、調理の際は、鍋全体が熱くなるので火傷には注意が必要です。蓋を取るときも必ず鍋つかみを使用しましょう。愛知ドビーから販売されている鍋つかみもオススメです（P35参照）。

洗うときは
スポンジ&中性洗剤で

洗うときは、やわらかなスポンジ&中性洗剤で。金のたわしや研磨剤のついたものはホーローがはげてしまうので絶対に使用しないでください。焦げていたら少し水に漬けておくとよいでしょう。

洗い終わったら
ふきんでシュッ

使い終わったらキレイに洗ってから乾いた布きんでしっかりと水分を拭いておきましょう。水分が残っているとサビたりする原因になります。ふちの部分もしっかりと拭くことがポイントです。

鍋が焦げてしまったら
こするのは×

鍋を焦がしてしまっても、たわしや研磨剤のついたスポンジなどでこするのは絶対に×。鍋に水を張り、重曹を小さじ2～3杯入れて蓋を閉めて10分ほど煮立てると、焦げが自然に取れやすくなります。

教えて、愛知ドビーさん！「こんなときはどうするの？」素朴な疑問 Q&A

「蓋はどこに置けば？」「無水料理を美味しくするコツって？」
馬場ちゃんが料理をしているときに気になったアレコレについて、
バーミキュラの製造・販売をしている
愛知ドビー株式会社の方に聞いてみました。

Q1 煮物、蒸し物、炊飯器。バーミキュラって一台何役なんですか？

A1 バーミキュラのホーロー鍋は蒸し焼き、煮込み、スープ、ロースト、炒め煮、鍋炊きごはんなど幅広い調理が可能です。さらに、代名詞ともなった無水調理はもちろん、揚げ物やオーブン調理も可能ですから、一台でかなりの役目を果たせます。

Q2 クッキングシートを使う場合と使わない場合、どう違うんですか？

A2 焼きいもや温野菜など、多少焦げやすい調理では、鍋の底に大さじ1～2杯の水とクッキングシートをしくことでお手入れが楽になります。また、大きな魚やお肉などの食材を鍋の中から形を崩さず取り出したいときや、ワッフルなどの生地をひっくり返すときにも便利なアイテムです。

Q3 鍋を加熱している間、途中で蓋を開けてかき混ぜてもいい？

A3 鍋の中が見えないから心配ですよね。もちろん、加熱途中で蓋を開けて中の様子を確認しても構いません。ただ、何度も開けてしまうと鍋の中の温度が下がってしまうので、1～2回にとどめていただくのがおすすめです。

Q4 無水調理のとき、野菜を重ねる順番ってあるの？（水分の多い野菜が下とか、根菜類は下、薬物は上など）。

A4 水分の多い野菜（玉ねぎ・トマトなど）を熱源に近い鍋底に入れ、水分の多い順に重ねましょう。また、火の通りにくい根菜類を先に加熱し、火が通りやすく、変色しやすい野菜（オクラ・いんげんなど）は、他の食材の火が通ってから入れてください。

Q5 調理中、蓋の置き場に困る……何かいいアイデアありますか？

A5 バーミキュラの蓋は、両サイドの取っ手を持って、くるっと裏返して置くことができるのも使い勝手のいいところ。ただスペースは取ってしまうので、あらかじめ蓋の置き場を確保して調理をスタートするのがおすすめですね。IHでの調理や鍋ごと食卓にサーブするときには、本体の持ち手に蓋のつまみを立てかけることもできます。

Q6 調理のとき、鍋がコンロの上ですべりやすいです。どうすれば？

A6 ホーロー製なので底がつるつるしているため、どうしても鍋はすべりやすくなってしまいます。ですから、鍋を押さえて混ぜたりするのがいちばん安全です。その際、鍋は熱くなっていますから、鍋つかみの使用をお忘れなく！

Contents

１章
バーミキュラを「究める」レシピ

２章
バーミキュラで「鍋ごと」レシピ

3章
バーミキュラで「アイデア」レシピ

4章
バーミキュラで「作りおき」レシピ

この本の使い方

★作り方

・バーミキュラの鍋は、IHコンロ、ガスコンロどちらも使用することができます。
・作り方の中にある加熱時間は、目安になります。IH、ガスコンロなど使用する火元のメーカーや機種によって温度や加熱時間は変わる場合がありますので、適宜調節してください。
・マーカーを引いてある部分に関しては、指さしマークでポイントを示しています。合わせて確認してください。
・バーミキュラ調理において重要なポイントとなる火加減は太字で示しています。火加減についての詳細はP6-7を参照。

★イメージ写真

実際に調理したときの写真です。材料で表記してある分量と一致しない場合もあります。

★材料

・本の中に表示した小さじ1は5ml、大さじ1は15ml、1カップは200mlです。
・だし汁と書かれている場合は、かつお節や昆布などをだしパックに入れ、取っただしを使用しましょう。
・青ねぎとは浅つきや万能ねぎのことです。お好みでどうぞ。

★ 18cmで作るなら…

・基本的にこの本で紹介したレシピは22cm鍋を使用したものとなっています。
・18cm鍋を使用する場合、食材の分量や作り方が変更になる場合はここに目安を示しています。この注記がないものに関しては同量で作成可能です。

バーミキュラに関する詳しい情報はこちら

バーミキュラ　コールセンター
TEL 052-353-5333
受付時間：月～金　9:00 ～ 12:00 ／ 13:00 ～ 17:00
http://www.vermicular.jp

1 章

バーミキュラを「究める」レシピ

「無水調理」や「蒸し野菜」、「ロースト調理」に「煮もの」、そして、ごはんの炊き方まで、
バーミキュラが得意とするきほんの料理を紹介します。
いずれも素材本来の味わいがしっかり活きた絶品レシピです。

こんがりしっとり　ローストポーク

塊のまま調理するのでごちそう感のあるローストポーク。バーミキュラなら火が均等に入るので、しっとり美味しくできあがります。

◎材料（4人分）

豚肩ロース肉（塊）...... 600g
塩麹 大さじ2
黒こしょう 小さじ1
オリーブオイル 大さじ1
ブロッコリー 1株

【玉ねぎソース】

玉ねぎ 1/2個

【香味野菜だれ】

A
- 大葉 10枚
- みょうが 2本
- しょうが 1かけ
- 塩昆布 10g

◎作り方

1. 豚肉は塊のまま、塩麹と黒こしょうをまんべんなくすり込み、フリーザーバッグに入れて冷蔵庫で1時間ほど寝かせる。ブロッコリーは小房に分ける。
2. 鍋に蓋をして**中火**で3分予熱にかけ、オリーブオイルを入れ、1の豚肉をまんべんなく焼く。その後、蓋をして**弱火**で20分加熱する。
3. 豚肉を囲むようにブロッコリーを並べ、蓋をして**弱火**で10分加熱する。
4. ソースを作る。焼き上がった肉を取り出し、鍋に肉汁が残った状態のまま、すりおろした玉ねぎを加えひと煮立ちさせる。Aの材料はすべてみじん切りし、ボウルで混ぜ合わせる。
5. 肉を好きな厚さにカットし、玉ねぎソースと香味野菜だれの2つを添える。

豚肉は全ての面に焼き色をつけること。

付け合わせはきのこやじゃがいももおすすめ。

Point

塩麹を使うことでしっとり仕上がります。漬け込む時間が長いほど味が深まるので前日の晩から仕込んでもよいでしょう。

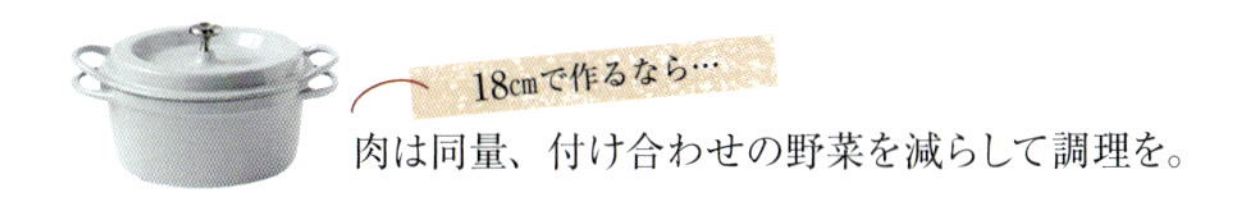

18cmで作るなら…
肉は同量、付け合わせの野菜を減らして調理を。

名古屋風　肉じゃが

密閉性が高いので、じゃがいもがほくほくに仕上がる肉じゃが。赤味噌を隠し味に入れることで、コクがでて奥行きのある味わいになるんです。

◎材料（4人分）

牛薄切り肉 200g
じゃがいも 4個
玉ねぎ 1個
にんじん 1本
モロッコいんげん 3本
A　しょうゆ 大さじ3
　　みりん 大さじ3
赤味噌 大さじ1
オリーブオイル 大さじ1

◎作り方

1 じゃがいもはひと口大に、玉ねぎはくし切りに、にんじんは乱切りにする。モロッコいんげんは、4cm長さの斜め切りにする。

2 鍋に蓋をして**中火**で3分ほど予熱にかけ、オリーブオイルを入れじゃがいも、玉ねぎ、にんじんを炒めていく。全体に油がなじんだら牛肉を加え、さらに炒める。

3 牛肉の色が変わってきたら、Aの調味料を入れ、ひと混ぜしてから蓋をして**弱火**で25分加熱する。

4 モロッコいんげんを加え、蓋をして**弱火**で5分加熱して火を止める。

5 器に赤味噌を入れ、鍋の中の煮汁少々を加えてのばしたら、それを鍋に戻して全体を混ぜ合わせる。

調味料だけ入れて無水調理することで、ほくほく＆味が染みた肉じゃがに。

緑の野菜や火の通りやすい野菜などは時間差で鍋に入れるとキレイな仕上がりに。

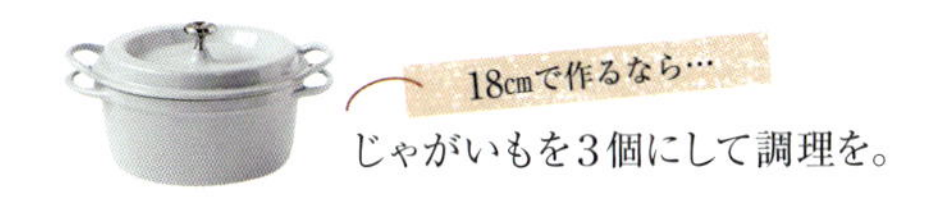

ごろごろ野菜のトマトカレー

カシューナッツをペーストにして入れることでコクを出した馬場ちゃん特製カレー。たっぷり野菜の旨みとスパイスが織り成す大人の味わいをどうぞ。

◎材料（4人分）

鶏もも肉 ...... 1枚（250 〜 300g）
なす 1本
ズッキーニ 1本
パプリカ（黄・赤）...... 各1/2個
玉ねぎ 1個
カットトマト缶 1缶
にんにく（すりおろし）...... 1かけ
しょうが（すりおろし）...... 1かけ
赤ワイン 大さじ3
カシューナッツ 20g
水 50cc
塩・こしょう ...... 各適量
オリーブオイル 大さじ2

A
クミン 小さじ1
カルダモン / コリアンダー / クローブ...... 各小さじ1/2

B
ターメリック 小さじ1
ナツメグ...... 小さじ1/2
ローリエ（葉）...... 1枚
レッドペッパー ...... お好みで

◎作り方

1 鶏肉はひと口大に切る。なすとズッキーニは1cm幅の輪切り、パプリカは乱切り、玉ねぎはみじん切りにする。ミキサーにカシューナッツと水を加えてペーストにする。

ナッツを水につけておくとミキサーが回りやすい。

2 鍋に蓋をして**中火**で3分予熱にかけ、オリーブオイルとAの香辛料を入れ、香りが立ってきたらにんにく、しょうがを入れ炒める。そこに、塩・こしょうした鶏肉を加え、焼きつける。

3 鶏肉の色が変わってきたら、野菜を加え炒め合わせる。

しっかり炒めることでズッキーニの苦みが出なくなる。

4 野菜がしんなりしてきたら、トマト缶とカシューナッツペースト、Bの香辛料、赤ワインを加え、蓋をして**弱火**で20分加熱する。

隠し味にウスターソースを加えるとコクが出る。

馬場ちゃんの地元・福岡北九州名物

「焼きカレー」

作り方

耐熱皿にごはんを盛り、カレーをかけて上にピザ用チーズをのせ、オーブンかトースターでチーズが溶けるまで焼き上げればできあがり。

鶏のビール蒸し

パサつきがちな鶏むね肉も、ビールを少量入れて蒸すことでしっとりやわらかく仕上がります。かつお節ととろろ昆布の旨みが鶏に染みて上品な美味しさです。

◎材料（4人分）

鶏むね肉 ...... 2枚（500 ～ 600g）
ビール 50cc
塩 小さじ1
黒こしょう 小さじ1/2
かつお節 1パック
とろろ昆布 ...... 5g（ひとつかみ）
クッキングシート ...... 適量

◎作り方

1 鶏肉は皮を取り除き、塩と黒こしょうをもみ込む。
2 広げたクッキングシートに1の鶏肉を並べる。ひとつにはかつお節、もうひとつにはとろろ昆布をのせ、クッキングシートの四隅をひねっておく。
3 鍋にビールを入れ、その上に2の鶏肉をクッキングシートごと入れる。蓋をして**弱火**で25分加熱する。
4 蒸し上がったらクッキングシートごと持ち上げ、取り出す。食べやすい大きさに切って器に盛る。

ビールは鶏肉の上からかけず、クッキングシートの下に入れること。

Point

クッキングシートの四隅をひねることで、出し入れがしやすい上に、肉汁も逃げずに美味しくできます。

18cmで作るなら…
鶏むね肉は1枚ずつ調理を。

めちゃうま豚の角煮

しっかり時間をかけて下茹ですることで臭みがなくやわらか〜くなる角煮。きび砂糖を使うとコクが出て丸みのある味に仕上がります。

◎材料（４人分）

豚ばら肉（塊）...... 500g

A
- かつおだし汁 300cc
- 酒 100cc
- しょうゆ 50cc
- きび砂糖 ...... 大さじ 3

大根 ...... 1/2 本

まいたけ ...... 1 パック

茹で卵 ...... 4 個

長ねぎ（青い部分）...... 1 本分

しょうが ...... 1 かけ

長ねぎ（白い部分）...... 10cm程度

◎作り方

1 鍋にたっぷりの水を注ぎ、豚肉を塊のまま入れ、蓋をせずに**中火**で 60 〜 120 分ほど茹でる。

2 湯から取り出した豚肉を食べやすい大きさに切る。大根は２cm幅の半月切りに、まいたけは食べやすい大きさにほぐし、茹で卵は殻をむく。しょうがは皮つきのまま薄切りにする。

3 鍋に A の調味料を入れ、沸いてきたら２の材料と長ねぎの青い部分を入れ、蓋をして**弱火**で 60 分加熱する。

4 器に盛り、白髪ねぎにした長ねぎをのせる。

一緒に煮る野菜はごぼうもおすすめ。

きび砂糖の代わりに黒糖を使ってもOK。酒を泡盛に代えるとラフテーに。

エスニック風　鯛(たい)の香草蒸し

鯛を丸ごと１匹使い、中華風に蒸し上げた一皿。バーミキュラの対流のおかげで身がふっくらと蒸し上がり、おもてなしにもぴったりです。

◎材料（４人分）

鯛（20cm弱のもの）……１尾
しょうが……1/2かけ
長ねぎ（青い部分）……8cm程
長ねぎ（白い部分）……10cm程
ナンプラー……大さじ１
酒……大さじ１
パクチー……1/2株
赤唐辛子……適量
クッキングシート……適量
レモンやライム……お好みで

◎作り方

1 鯛はウロコと内臓を取り、下処理しておく。

鯛の下処理が面倒な場合は、切り身を使うと簡単にできあがる。

2 しょうがは皮つきのままで薄切りに、長ねぎの青い部分は包丁の背で叩いておく。長ねぎの白い部分は白髪ねぎにして水にさらしておく。唐辛子は種を取り除き、輪切りにする。

お子さんがいる場合は唐辛子はなしに。

3 鯛のお腹に２のしょうがと長ねぎの青い部分を詰め、広げたクッキングシートにのせ、四隅をひねって鍋に入れる。

4 ３の魚の上にナンプラーと酒を振りかけ、蓋をして**弱火**で25分加熱する。

5 蒸し上がったらクッキングシートごと持ち上げ、器に盛る。白髪ねぎと輪切りの唐辛子、食べやすい大きさに刻んだパクチーをのせる。お好みでレモンやライムをしぼる。

Point

鍋のサイズに合う鯛を選ぶのがポイント。
切り身の鯛を使うと手軽に作れます。

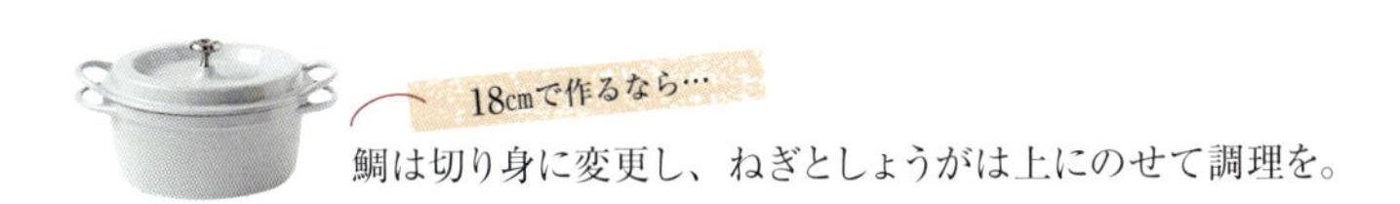

鯛は切り身に変更し、ねぎとしょうがは上にのせて調理を。

きのこのイタリアンマリネ

お酢＆トマトでさっぱりと仕上げるマリネ。
肉料理の添え野菜としてもおすすめ。

◎材料（4人分）

しいたけ …… 4枚

エリンギ・しめじ・えのき …… 各1パック

ドライトマト …… 5g

酢 …… 50cc

A
- にんにく …… 1/2かけ
- 塩・こしょう …… 各少々

バター …… 10g

◎作り方

1. 鍋に太めのせん切りにしたドライトマトと酢を入れ、10分ほどおく。
2. 1にAと食べやすい大きさに切ったきのこを加えひと混ぜし、蓋をして**中火**で3分加熱したら**弱火**で5分加熱する。
3. 火を止め、バターを加えてひと混ぜする。

ふかし里いも

ふかした里いもをシンプルに。バーミキュラは蒸しただけでも驚くほど美味なのです！

◎材料（4人分）

里いも …… 小12個

A
- 岩塩 …… 適量
- 黒こしょう …… 適量
- エキストラバージンオリーブオイル …… 適量

◎作り方

1. 里いもは皮付きのままよく洗い、中央にぐるりと切り込みを入れておく。
2. 鍋に80ccの水（分量外）を入れ、里いもを並べる。蓋をして**中火**で3分加熱したら**弱火**で25分加熱する。
3. 皮をむいて、混ぜ合わせたAのたれにつけていただく。

レタスとプチトマトの白ワイン煮

カラフルなプチトマトを使って、白ワインがふわりと香る彩りのよい一品を。

◎材料（４人分）

カラフルプチトマト ...... 12 個

レタス ...... 1 個

スライスベーコン ...... 4 枚

A
- 白ワイン ...... 大さじ 1
- 塩 ...... 小さじ 1
- こしょう ...... 少々

◎作り方

1 鍋に十字に 4 等分にしたレタスをおき、すき間にヘタを取ったプチトマトとベーコンを入れる。

2 A の調味料をふりかけ、蓋をして**中火**にし、沸いてきたら**弱火**で 8 分加熱する。

ごぼうのおかか和え

だしで煮たごぼうをおかかで和えて。刻んでコロッケに加えるなどアレンジも自在。

◎材料（４人分）

ごぼう ...... 2 本

しょうゆ ...... 大さじ 2

酒・みりん ...... 各大さじ 1

干ししいたけ ...... 4 ～ 5 枚

水 250cc

かつお節 ...... 1 袋

◎作り方

1 ごぼうは洗って皮をそぎ過ぎず適当に残し、鍋の長さに切る。

2 鍋に調味料をすべて加え、乾燥したままの干ししいたけと 1 のごぼうを加え、蓋をして**弱火**で 25 分加熱する。

3 2 のごぼうをすりこぎで叩き、食べやすくさいて、かつお節で和える。

蒸し野菜のいろいろディップ

バーミキュラの得意技“無水調理”で野菜の持つ素材の味わいを堪能する一皿。
３種のディップで味に変化をつけながらモリモリ野菜を食べよう！

◎材料（４人分）

じゃがいも ...... 1 個
れんこん ...... 1 節
チンゲン菜 ...... 2 株
かぼちゃ ...... 1/4 個
にんじん ...... 2 本
クッキングシート ...... 適量

◎作り方

1 野菜を切る。じゃがいもとかぼちゃはひと口大、れんこんは１cm幅の輪切り、チンゲン菜は縦に４等分、にんじんは乱切りにする。

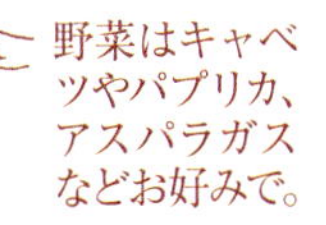

2 鍋に大さじ２の水（分量外）を入れ、クッキングシートをしく。その上に１の野菜を並べる。

温野菜を作るときのきほんの方法。

3 蓋をして**弱火**で 25 分加熱する。

アボカド柚子こしょう

<作りやすい分量>

アボカド ...... 1/2 個
柚子こしょう ...... 小さじ 1/2
（→ P92）
レモン汁 ...... 小さじ 1/2

1 アボカドは皮をむき、種を取り、食べやすい大きさに切る。
2 ボウルに柚子こしょうとレモン汁を入れ混ぜ合わせ、そこにアボカドを加えて和える。

バーニャカウダ

<作りやすい分量>

にんにく（すりおろし）...... 1 かけ
アンチョビ ...... 2 切れ
オリーブオイル ...... 大さじ 2
生クリーム ...... 大さじ 1

1 フライパンにアンチョビとにんにく、オリーブオイルを入れ火にかける。
2 木べらでアンチョビをつぶしながら混ぜ合わせ、ひと煮立ちしたら火を止め、冷ましてから生クリームを加える。

漬物タルタル

<作りやすい分量>

A | たくあん / らっきょう / しば漬け / 壬生菜など青菜の漬物 ...... 各適量
マヨネーズ ...... 大さじ 5

1 A の漬物は細かく刻む。
2 ボウルに刻んだ漬物とマヨネーズを入れて混ぜ合わせる。

サムゲタン

鶏をしっかり煮込んで作る、ごはん入りの韓国定番スープ。鶏の旨みが染み出た滋味深い味わいで、カラダの内側から元気になれる味！

◎材料（4人分）

鶏もも肉 …… 1枚（300g）
鶏手羽元 …… 6本（300g）
しょうが …… 1かけ
長ねぎ（青い部分）…… 1本分
冷ごはん …… 茶碗1杯分
A
- 水 …… 4カップ
- 塩 …… 小さじ1

パクチー …… 適量
黒こしょう …… お好みで

◎作り方

1. 手羽元は骨と肉の間に切り込みを入れておく。鶏もも肉はひと口大に切る。しょうがは皮付きのまま薄切りにする。長ねぎの青い部分は包丁の背で叩いておく。
2. 鍋に1の材料と冷ごはん、Aの材料、長ねぎを入れ、蓋をして**弱火**で60分加熱する。
3. 器に盛り、食べやすい大きさに切ったパクチーを散らす。お好みで黒こしょうを振る。

美味しいスープのためには骨付きが◎。手羽先や丸鶏でもOK。

玉ねぎと干ししいたけのスープ

「余計なものは入れずシンプルに」という馬場ちゃんの料理哲学を体現したスープ。
干ししいたけの旨みが活きて、飲み過ぎた翌日にぴったりです。

◎材料（4人分）

玉ねぎ 1個
干ししいたけ 5枚
だし昆布 10cm程度
水 4カップ

A
- 塩 小さじ1
- 酒 大さじ1
- 薄口しょうゆ 大さじ1

黒こしょう 小さじ1/2
青ねぎ 1本分

◎作り方

1 干ししいたけは、分量の水のうち1カップ分で戻しておく。

2 玉ねぎはくし切りに、青ねぎは小口切りにしておく。水で戻した干ししいたけは石づきを切り、食べやすい大きさに切る。

戻し汁も使用するので取っておくこと。

3 鍋に玉ねぎと干ししいたけ、だし昆布、Aの調味料と残り3カップ分の水を入れ、蓋をして**弱火**で60分加熱する。

煮込むときに鶏もも肉を入れるとコクのある味に。

4 器に盛り、青ねぎを散らし、黒こしょうを振る。

つやつや、ふっくら！　お米が立ってる！
バーミキュラで炊く“きほんのごはん”

バーミキュラで炊くごはんの美味しさは格別。
火加減や水加減などいくつかのコツをマスターすれば、
驚きのふっくらごはんが炊けます。

きほんのごはん
－白米編－

火加減をマスターすることが
ごはんの達人への第一歩。
「沸騰して13分、蒸らしも13分」
と覚えて！

◎材料（4合／22cm鍋を使用）
米……4合
水……790ml

◎作り方

①
米を研ぐ。最初の水はすぐに捨てること。鍋を傷つけてしまうので、ボウルなどで研ぐ。

②
ザルにあげ水けをしっかりきる。水けが残っていると、水の量が変わってしまうので注意。

④
水を注ぐ。水の量は米に対して1～1.1倍(4合なら720～790ml)。**30分**ほど浸水させる。

⑤
鍋を中火にかけて沸騰させる。中火は、写真のように鍋の底に火の先端がくっつく状態。

⑥
蒸気が鍋と蓋の間から噴き出してきて、フチから水滴がこぼれて来たらごく弱火にする。

⑦
ごく弱火にして**13分**加熱。ごく弱火は、写真のように鍋底と火の先端に隙間のある状態。

⑧
火を止め、そのまま**13分**蒸らす。蒸らしを終えたらしゃもじで混ぜ、空気を入れる。

保存するなら！
温かいうちにラップで1膳分をくるみ、フリーザーバッグに入れあら熱が取れてから冷凍。

きほんのごはん
－玄米編－

栄養価が高く、カラダにも
よいとして人気の玄米ごはん。
美味しく炊くコツは、
浸水時間と塩を加えることにあり！

◎材料（4合／22cm鍋を使用）
玄米……4合
水……790ml
塩……小さじ1/2

◎作り方

①
米を研ぎ、ザルにあげ水けをしっかりきる。水けが残っていると、水の量が変わってしまうので注意。

②
水を注ぐ。水の量は米に対して1～1.1倍（4合なら720～790ml）。この状態で**6時間**ほど浸水させる。

③
鍋に塩を入れ、中火にかけて沸騰させる。蒸気が鍋と蓋の間から噴き出してきて、フチから水滴がこぼれて来たらごく弱火にする（左ページ白米編参照）。

④
ごく弱火にして**30分**加熱。白米の場合よりも加熱時間が長くなるので注意！

⑤
火を止め、そのまま**15分**蒸らす。蒸らしを終えたらしゃもじで混ぜ、空気を入れる。

玄米のポイント！
浸水時間はながめに！

玄米＝精製されていないお米ですから、浸水時間が白米よりも長く必要。可能ならひと晩以上浸しておくとよいでしょう。

鍋炊きだから、おこげができる！
おこげの作り方

白米も玄米も、火を止めて蒸らしに入る前に、中火にしてパチパチと音がするまで加熱するとおこげができあがります。香ばしいおこげは鍋で炊くからこそできるごちそう。ぜひ試してみましょう。

BABA COLUMN 1

僕なりに考える料理写真のコツ

仕事で行った先のことや食べたものなど、日常のささいなことをInstagramにアップしています。その中でも多いのがラーメン。ラーメンが大好きで仕事で地方に行ったときにも食べるし、都内の美味しいと評判のラーメン屋さんにわざわざ車で出かけたりもします。「料理好きで、ぬか漬けも自分で作ってます」と話すと、よく健康志向に思われがちなんですけど、全然そんなことない。ラーメンも好きだし、お酒も大好き。美味しいものはなんでも好きです。

もうひとつ多いのが、自分で作った料理。僕は一人暮らしなので、料理は基本、自分のために作る。そうすると、頑張って作ってすごい美味しくできても、ひとりで作ってひとりで食べてたら、食べ終わると何も残らないんです。「せっかく作ったのにそれは悲しいから、どっかに出しておきたい＝Instagramにアップしよう」となったわけです。

というわけで、僕なりに考えた美味しそうに見える写真のコツを紹介したいと思います。まず①逆光で撮ること。料理の背に光があるとキレイになります。そして②自然光を利用すること。これはよく言われますが、やっぱり食べ物を美味しそうに見せるのは自然の光がいちばんイイ。今回の本の料理の写真もプロのカメラマンが自然光で撮っていたのをみて「やっぱりな」と密かに思っていました（笑）。そして③は1品ずつ撮ること。いくつかの料理があると集合で撮りたくなるけど、1品ずつ撮ったほうが絶対にキレイに写ると思います。

馬場裕之　Instagram
hiroyuki baba / @hiro88

パクチーのサラダ。レモン果汁だけでなく、ピールも使って爽やかに仕上げました。

カッペリーニで冷製のトマトパスタ。トマトをすりおろして使ったところがミソ。

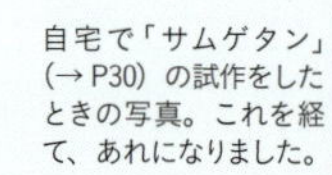

北九州にある「源平うどん」の肉うどん。外食のときも食指が動いたものは撮影。

自宅で「サムゲタン」（→P30）の試作をしたときの写真。これを経て、あれになりました。

2章

バーミキュラで「鍋ごと」レシピ

おでんや鍋、スープなどを始め、鍋ごと食卓にのせて、みんなでわいわい食べる。
そんな豪快かつごちそう感のある料理を紹介します。
洗練されたデザインのバーミキュラだからこそなせる技です。

バルサミコソースのローストチキン

こんがり焼き色の付いた鶏肉が食欲を刺激するごちそうメニュー。残った肉汁とたっぷりきのこ、バルサミコ酢を煮詰めて作るソースとの相性も抜群。

◎材料（4人分）

鶏もも肉 ...... 2枚（500 ～ 600g）
塩 小さじ1
黒こしょう 小さじ1/2
にんにく 1かけ
唐辛子 1本
ブラウンマッシュルーム 1パック
まいたけ 1パック
オリーブオイル 大さじ1
【バルサミコソース】
バルサミコ酢 大さじ2
砂糖 小さじ1
しょうゆ 小さじ1
バター 10g

◎作り方

1 鶏肉に塩、黒こしょうをもみ込む。唐辛子は半分に切って種を取り除く。にんにくは半分に切り、芯を取って包丁の背で叩いておく。ブラウンマッシュルームは軸を切り、まいたけは食べやすい大きさにほぐす。

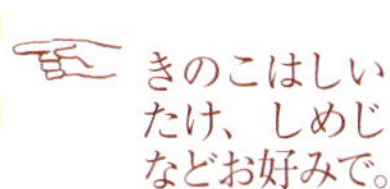

2 鍋に蓋をして**中火**で3分予熱にかけ、オリーブオイルとにんにくと唐辛子を入れ、**弱火**にしてにんにくが色づくまで熱する。

3 鍋に皮が下にくるように鶏肉を入れ、蓋をして**弱火**で10分加熱する。

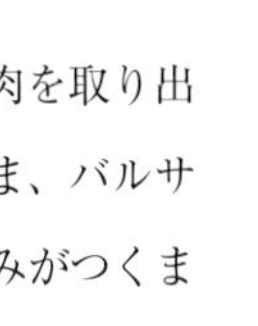

4 ブラウンマッシュルームとまいたけを加え、さらに蓋をして**弱火**で5分加熱する。

5 バルサミコソースを作る。焼き上がった肉を取り出し、鍋に肉汁ときのこが残った状態のまま、バルサミコソースの調味料を加え、**弱火**でとろみがつくまで煮詰めていく。

6 器に食べやすい大きさに切った鶏肉を盛り、バルサミコソースをかける。

肉が2枚同時に焼けないので、1枚ずつ焼き上げ調理を。

野菜たっぷり　和風ミートローフ

たけのこやれんこんなどの食感がアクセントになった和のミートローフ。見た目の豪快さとは裏腹に、ナンプラーを隠し味にやさしい味に仕上げます。

◎材料（4人分）

豚赤身ひき肉 …… 250g
牛ひき肉 …… 250g

A
- 塩・砂糖 …… 各小さじ1
- こしょう …… 少々
- ナンプラー …… 小さじ1

B
- たけのこ（水煮）…… 50g
- れんこん …… 50g
- しめじ …… 1/2パック
- にんじん …… 1/2本

キャベツ（葉）…… 2枚

【オクラソース】

オクラ …… 5本

C
- かつお節 …… 1パック
- しょうゆ …… 小さじ1

◎作り方

1 ボウルに牛肉と豚肉、Aの調味料を加えて粘りが出るまで混ぜ合わせる。

合いびき肉を使ってもOK。その場合、脂の少ないものを選ぶこと。

2 肉だねに粗みじん切りにしたBの野菜を入れ、さらに混ぜ合わせる。

3 鍋の底にキャベツの葉をしき、2の肉だねを丸く広げる。蓋をして**中火**で3分加熱し、**弱火**にして20分加熱する。

4 ソースを作る。板ずりしたオクラを薄い輪切りにし、Cと和える。

Point

キャベツを鍋底にしくことで焦げるのを防いでくれます。

ごはんが進む　牛すき鍋

しっかりと味が染みた牛すき鍋はごはんがどんどん進む美味しさ。きび砂糖を使うことで甘さに加えてコクも生まれ、奥行きのある味わいに。

◎材料（４人分）

牛薄切り肉 300g

玉ねぎ ...... 1/2 個

えのき ...... 1 袋

焼き豆腐 ...... 1 丁

A
- きび砂糖 ...... 大さじ 3
- しょうゆ ...... 大さじ 3
- 酒 ...... 大さじ 3

卵 ...... 4 個

三つ葉 ...... 1 把

※写真は 14cmの鍋を使用

◎作り方

1 玉ねぎは薄切り、えのきは軸を切りほぐす。焼き豆腐は水をきり、食べやすい大きさに切る。

2 鍋に A の調味料を入れ**中火**にかけ、沸いてきたら 1 の材料と牛肉を入れ、蓋をして**弱火**で 10分加熱する。

たまに蓋を開け、具材を返すのが味染みのコツ。

3 火を止め、割りほぐした卵をまわし入れ、蓋をして**余熱**で１～２分蒸らす。できあがりに切った三つ葉を散らす。

スパイス香る　無水キーマカレー

数種の香辛料を使って本格的に仕上げたキーマカレー。とはいえ、トマトの旨みたっぷりでお子さんでも食べられる味です。食感のアクセントとなるカシューナッツもいい仕事ぶり！

◎材料（4人分）

牛ひき肉 250g
トマト 2個
玉ねぎ 1個
カシューナッツ 20g
オリーブオイル 大さじ2
にんにく 1かけ
しょうが 1かけ
塩・こしょう ...... 適量

【特製スパイス】

A
クミン 小さじ1
カルダモン / コリアンダー / クローブ 各小さじ1/2

B
ターメリック 小さじ1
ナツメグ 小さじ1/2
ローリエ（葉）...... 1枚
レッドペッパー...... お好みで

◎作り方

1 トマトは皮ごとミキサーにかける。玉ねぎはみじん切りにする。カシューナッツは粗く刻んでおく。にんにくとしょうがはすりおろす。

完熟トマトがオススメだがトマト缶を使ってもOK。

2 鍋に蓋をして**中火**で3分予熱にかけ、オリーブオイルとAの香辛料を入れ、じっくりと香りを出しておく。

3 にんにく、しょうがを加え香りが立ってきたら、玉ねぎ、牛肉の順に加えて炒め、塩・こしょうを振る。

4 玉ねぎがしんなりしたら、トマトとカシューナッツとBの香辛料を入れひと混ぜし、蓋をして**弱火**で20分加熱する。

しっかり水分を飛ばしたものが好みなら蓋をせずに5分加熱を。

余ったカレーはごはんと混ぜて

「スティック春巻き」

作り方

キーマカレーとごはんをボウルで混ぜ、ピザ用チーズとともに春巻きの皮で包んだ一品。ごはん入り＆食べやすいのでお子さんのお弁当にもぴったり。

パスタを使って　簡単パエリア

サバの水煮缶を汁ごと使って、手軽にだしが効いたパエリアを。折ったパスタを使うことでより簡単に作ることができます。お好みでレモンをたっぷり絞って召し上がれ。

◎材料（4人分）

スパゲッティー（1.4㎜）...... 200g
海老（殻付）...... 8尾
イカ（胴）...... 1/2 はい
アサリ（殻付）...... 200g
サバの水煮（缶）...... 1缶
トマト...... 1個
玉ねぎ ...... 1/2 個
パプリカ（赤）...... 1/4 個
オリーブオイル 大さじ1
にんにく 1かけ
A
白ワイン 大さじ1
ターメリック...... 小さじ1
塩...... 小さじ 1/2
黒こしょう...... 適量
イタリアンパセリ...... 適量

◎作り方

1 海老は背わたを取り、イカは輪切りに、アサリは砂抜きしておく。トマトは1㎝角に切り玉ねぎとにんにくはみじん切りに、パプリカは乱切りにする。サバ缶は汁と身をわけ、汁に水（分量外）を加えて250ccになるようにしておく。

2 鍋に蓋をして**中火**で3分予熱にかけ、オリーブオイルとにんにくを入れる。香りが立ってきたら、玉ねぎを加え炒める。

3 玉ねぎがしんなりしたら、サバの身、トマト、海老、イカ、アサリとAの調味料を入れて全体を炒める。

ここで一度取り出し、4の工程で上に並べると見栄えがよくなる。

4 鍋に1のサバの汁に水を加えたものを入れ、沸騰したら折ったパスタを入れほぼ汁けがなくなるまで炒め、蓋をして**弱火**で5分加熱する。

5 火を**ごく弱火**にしてパプリカを散らし、もう一度、蓋をして5分蒸らす。仕上げに刻んだイタリアンパセリを散らす。

仕上げに中火で1～2分加熱するとおこげができる。

Point

スパゲッティーは写真のように1～2㎝になるように手で折って使用します。

雑穀茶めし

雑穀米のごはんにひと工夫し、家に余りがちな緑茶葉をほうじ茶にして、香ばしさをプラス。シンプルだけど、雑穀&お茶のパワーで栄養アップします。

◎材料（4人分）

米 3合
ほうじ茶 小さじ2
雑穀米 30g
水 630ml
塩 小さじ1

◎作り方

1 フライパンで緑茶を**弱火**で炒ってほうじ茶にする。
2 米を研いでザルにあげ水けをきり、鍋に入れて水を注ぎ30分ほど浸水させる。ほうじ茶は細かく刻んでおく。
3 鍋にほうじ茶、雑穀米、塩を入れひと混ぜする。蓋をして**中火**にかけ、蓋の間から蒸気が上がってきたら**弱火**にして13分加熱する。
4 火を止めて13分蒸らす。

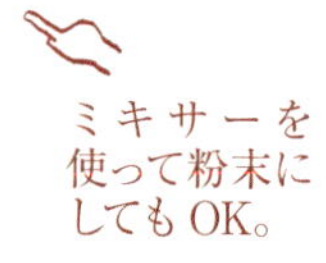

ミキサーを使って粉末にしてもOK。

18cmで作るなら…
米2合、水420mlで調理を。

牛肉と根菜の炊き込みごはん

ごぼうやれんこんなど根菜類の旨みと食感がしっかり活きた、和風のほっこり炊き込みごはん。そのままでももちろん、おにぎりにしても美味しいです。

◎材料（4人分）

米 3合
水 490ml
牛こま切れ肉 100g
ごぼう 1/2本
れんこん 1/2節
にんじん 1/2本
A
しょうゆ 大さじ3
酒 大さじ3
みりん 大さじ1と1/2
ごま油 小さじ1
塩……小さじ1

◎作り方

1 米を研いでザルにあげ水けをきり、鍋に入れて水を注ぎ20分ほど浸水させる。
2 ごぼうとにんじんはピーラーでささがきにする。れんこんは5㎜幅のいちょう切りにする。
3 ボウルに2の野菜と牛肉、Aの調味料を入れよく混ぜて10分ほどおく。
4 1の鍋に3の具材を入れひと混ぜする。蓋をして**中火**にかけ、蓋の間から蒸気が上がってきたら**弱火**にして13分加熱する。
5 火を止めて、13分蒸らす。

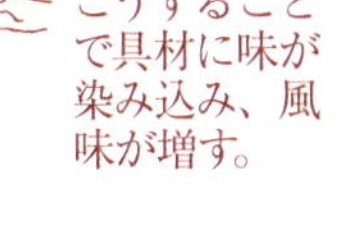
こうすることで具材に味が染み込み、風味が増す。

18㎝で作るなら…
米2合、水320ml、野菜の量も減らして調理を。

海南チキンライス

東南アジアでおなじみのエスニックごはんと言えばコレ。鶏肉のだしとしょうがの風味がごはんに染みわたり、モリモリ食べられちゃう美味しさです。

◎材料（4人分）

米 3合
水 580ml
鶏もも肉 ...... 2枚（500～600g）
A
- にんにく 1かけ
- しょうが 1かけ
- 酒・ナンプラー 各大さじ1
- 砂糖 小さじ1/2
- 塩 小さじ1
- こしょう ...... 少々
- ごま油 小さじ1/2

トマト、きゅうり、パクチー ...... 各適量
こしょうの実 P80参照

◎作り方

1. 米を研いでザルにあげ水けをきり、鍋に入れて水を注ぎ30分ほど浸水させる。にんにくとしょうがはすりおろす。
2. 鶏肉は2cm幅の棒状に切る。ボウルにAの調味料を混ぜ合わせ、そこに切った鶏肉を入れ10分ほどマリネさせる。
3. 1の鍋に鶏肉を調味料ごと入れる。蓋をして**中火**にかけ、蓋の間から蒸気が上がってきたら**弱火**にして13分加熱する。
4. 火を止めて、13分蒸らす。
5. 薄切りにしたトマトときゅうりを添え、パクチーを散らし、お好みでこしょうの実を飾る。

切ってからマリネさせることで味が染み込み、風味が増す。

18cmで作るなら…
米2合、水380ml、鶏肉は1枚にして調理を。

野菜たっぷりビビンバ

余ったごはんを活用して作れる韓国風ビビンバごはん。野菜の量を多くすることでごはんの量を減らし、ヘルシーに仕上げます。

◎材料（4人分）

牛こま切れ肉 150g
豆もやし 1袋
玉ねぎ 1/2個
にんじん 1/3本
ぜんまい ...... 1袋（80g）
ピーマン 1個
キムチ 80g
にんにく 1/2かけ
ごま油 大さじ1
A
- コチュジャン 大さじ2
- 砂糖 大さじ2
- しょうゆ 大さじ3

冷ごはん 茶碗3杯分
白ごま ...... 適量

◎作り方

1. 玉ねぎは薄切り、にんじんとピーマンはせん切り、ぜんまいは4cm長さに切る。にんにくはみじん切りにする。
2. 鍋に蓋をして**中火**で3分ほど予熱にかけ、**弱火**にしてごま油とにんにくを炒め、香りが立ってきたら玉ねぎとにんじん、ぜんまいを加え炒める。
3. 牛肉を加え、色が変わったら冷ごはんを入れさらに炒め、刻んだキムチと豆もやし、ピーマンも加えて全体を混ぜ合わせる。
4. 混ぜ合わせたAの調味料を加えてひと混ぜし、蓋をして**中火**で3分加熱し、仕上げに白ごまを散らす。

おこげを作るならさらに3分ほど加熱を。

アサリの酒蒸し＆リゾット

アサリの酒蒸しを作ってから、残った旨みたっぷりの汁を使ってリゾットを作る、一回で２品楽しめるレシピ。バーミキュラならあさりの身も縮まず、ぷりぷりに仕上がります。

◎材料（４人分）

アサリ（殻付）...... 500g

酒 50cc

冷ごはん 茶碗２杯分

玉ねぎ ...... 1/2 個

スライスベーコン ２枚

オリーブオイル 大さじ１

粉チーズ 大さじ２

塩 ...... 適量

こしょう ...... 適量

イタリアンパセリ ...... 適量

◎作り方

1 ボウルにアサリと水、塩少々（分量外）を入れ、砂抜きする。その後、アサリの殻をこすり合わせるように洗い、ザルにあげておく。玉ねぎはみじん切りに、ベーコンは５㎜幅に切る。

2 鍋に１のアサリを入れ、酒をふりかけ、蓋をして**中火**で加熱する。

3 殻が開いたら火を止め、器にアサリを盛る。残った汁が入った鍋に玉ねぎとベーコンを加えひと混ぜし、**弱火**で 10 分加熱する。

ここで酒蒸しは完成。小口切りの青ねぎを散らすと彩りがキレイに。

4 冷ごはんを加えたらひと混ぜし、蓋をして３分加熱する。仕上げに粉チーズとオリーブオイルを加え、塩・こしょうで味を調える。器に盛り、刻んだイタリアンパセリを散らす。

コクを出したいときはバターに代えるとよい。

チーズフォンデュ

色とりどりの野菜とカマンベールチーズを一緒に蒸し上げて、手軽にチーズフォンデュを。甘みと旨みが引きだされた野菜にとろ〜りとろけたチーズをたっぷりつけて味わって。

◎材料（4人分）

カマンベールチーズ 1個
じゃがいも 1個
パプリカ（赤・黄）...... 各1/4個
ズッキーニ 1/2本
しめじ 1/2パック
プチトマト 8個
塩 小さじ1/2
クッキングシート ...... 適量

◎作り方

1 カマンベールチーズの表面の白カビをそぐ。
2 じゃがいもは皮をむき、ひと口大に切る。パプリカは1cm幅の薄切り、ズッキーニは輪切りにする。しめじは食べやすい大きさにほぐす。プチトマトはヘタを取る。
3 鍋にクッキングシートをしき、中央にカマンベールチーズをおく。そのまわりに2の野菜を囲むように並べ、野菜に塩を振る。
4 蓋をして**中火**で3分、**弱火**にして20分加熱する。

野菜はサッと水にくぐらせてから並べるとよい。

Point

カマンベールチーズは表面の白カビだけをそぐように取り除くこと。

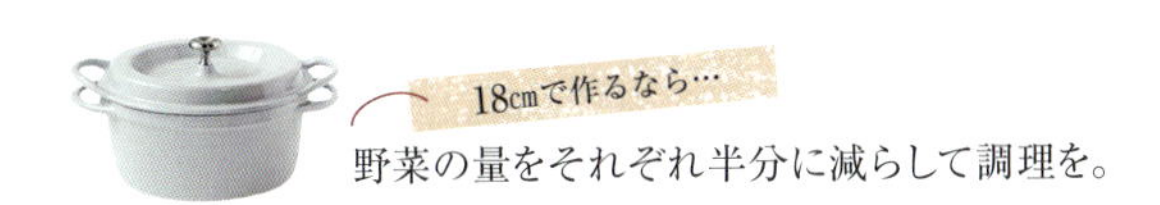

18cmで作るなら…
野菜の量をそれぞれ半分に減らして調理を。

スライサーで簡単！　鶏団子鍋

たっぷり野菜をスライサーでせん切りにして、鶏団子をはさみながら重ねていき、無水で調理する“変わり鍋”。鶏団子に長いもを入れることでふわふわの食感になります。

◎材料（4人分）

鶏ひき肉 300g
もやし 1袋
キャベツ 1/2個
にんじん 1本
水菜 1把
長いも 150g
しょうが 1かけ
A
 酒 小さじ2
 塩 小さじ1/2
 こしょう ...... 適量
ポン酢 ...... お好みで
柚子こしょう ...... お好みで

◎作り方

1 キャベツとにんじんはスライサーを使ってせん切りにする。水菜は4㎝長さに切る。長いもとしょうがはそれぞれすりおろす。
2 ボウルに鶏肉とすりおろした長いもとしょうが、Aの調味料を加え、しっかりと混ぜ合わせる。
3 鍋にもやしをしいたら、キャベツ、にんじんの半量ずつを入れ、層にしていく。いちばん上に2の肉だねの半量を団子状にして並べる。これをもう一度くり返し、いちばん上には水菜をのせる。
4 蓋をして**中火**で3分、**弱火**にして20分加熱する。
5 できあがったら、器にとり、ポン酢や柚子こしょうでいただく。

鶏肉としょうが、調味料を粘りが出るまで混ぜてから長いもを入れるとよい。

シャキシャキの水菜が好みなら火を止めてからのせても OK。

Point

もやしは鍋底にしき、その後はキャベツ→にんじん→鶏団子→キャベツ…と順に重ねていく。間に鶏団子をはさむのがポイント。

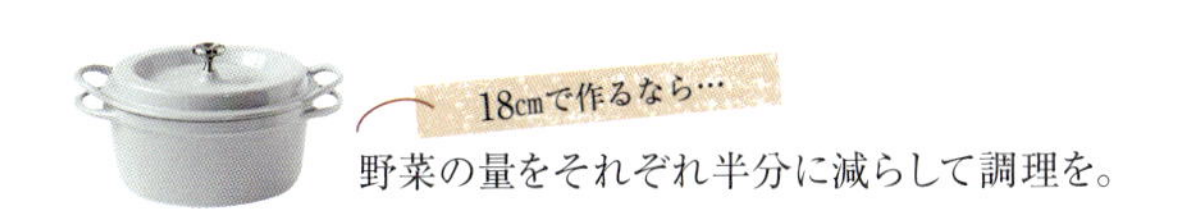

18㎝で作るなら…
野菜の量をそれぞれ半分に減らして調理を。

味噌煮込みおでん

赤味噌を使ってこっくりと仕上げる名古屋風のおでん。牛すじ肉から出ただしと味噌の風味が具材に染みこみ、まろやかな甘みが絶品。味がしみるほどに美味しさが増します。

◎材料（4人分）

牛すじ肉 …… 200g

茹で卵 …… 4個

大根 …… 1/2本

にんじん …… 1本

キャベツ …… 1/2個

こんにゃく …… 1丁

厚揚げ …… 1枚

A
- 赤味噌 …… 150g
- ザラメ …… 50g
- だし汁 …… 500cc

◎作り方

1 牛すじ肉は水から1時間ほど下茹でし、食べやすい大きさに切り、串に刺す。

2 大根は輪切り、にんじんは7～8㎝長さの太めの棒状に、キャベツは8等分のくし切りにする。茹で卵は殻をむいておく。こんにゃくは下茹でし、三角形に切る。厚揚げは油抜きしておく。

大根やこんにゃくは表面に切り込みを入れると味が染み込む。

3 鍋にキャベツをしきつめ、その上に具材を並べ、混ぜ合わせたAの調味液を注ぎ、蓋をして**弱火**で1時間ほど加熱する。

もち巾着や練り物などの火の通りやすい具材は時間差で入れる。

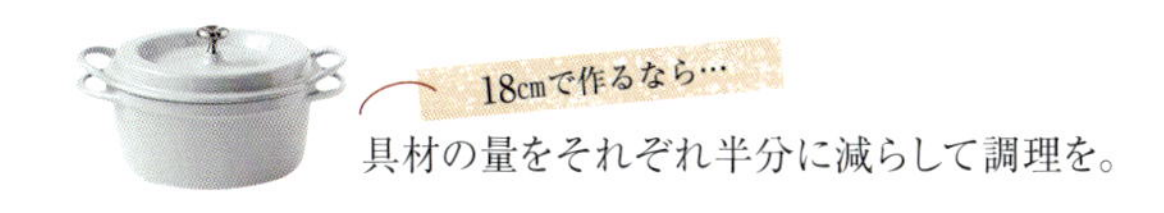

18㎝で作るなら…

具材の量をそれぞれ半分に減らして調理を。

黒ごま鍋

骨付きの鶏肉でしっかりだしを取った鍋。仕上げに加える黒ごまにより、香ばしさがプラスされます。P92の食べるラー油や柚子こしょうを添えると美味しさも倍増！

◎材料（4人分）

鶏もも肉 ......1枚（250g）
キャベツ 1/4個
もやし 1袋
にら 1/2束
長ねぎ（白い部分）......1本

A
- 鶏手羽元 8本
- 長ねぎ（青い部分）......1本
- しょうが 1かけ
- 水 6カップ
- 塩 小さじ1
- 酒 大さじ1

黒すりごま 60g

◎作り方

1. 鶏もも肉はひと口大に切る。キャベツはざく切り、にらは5cm長さに切る。長ねぎは斜め薄切りにする。しょうがは皮付きのまま薄切りにする。
2. 鍋にAの材料を入れ、蓋をして**中火**で3分加熱し、**弱火**にして20分加熱し、だしを取る。
3. あくをすくい、長ねぎの青い部分を取り出し、にら以外の鍋の具材を入れ、蓋をして**弱火**で15分加熱する。
4. 仕上げに中央ににらをのせ、まわりに黒すりごまをたっぷり散らす。

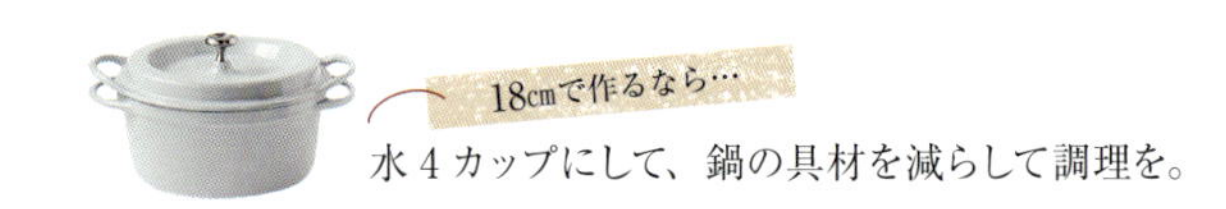

水4カップにして、鍋の具材を減らして調理を。

だしが決め手！　煮干し粉鍋

干ししいたけのだしと煮干し粉の旨みに、豚肉のコクとしょうが＆ごま油の香りがプラスされた和風鍋。あっさりしているのに驚くほど滋味深いスープがたまりません。

◎材料（4人分）

豚ばら薄切り肉 200g
豆腐 1丁
チンゲン菜 1把
大根 1/4本
にんじん 1/2本
しめじ 1/2パック
干ししいたけ 4枚
水 5カップ
しょうが 1かけ
煮干し粉 大さじ2
ごま油 大さじ3

◎作り方

1. 干ししいたけは分量の水のうち1カップ分で戻す。戻した干ししいたけは薄切りにする。
2. 豚肉、チンゲン菜、豆腐は食べやすい大きさに切る。大根とにんじんはピーラーで長細くむく。しょうがはみじん切りにする。
3. 鍋に蓋をして**中火**で3分予熱にかけ、ごま油としょうがを入れ、香りが立ってきたら煮干し粉を加えてさらに炒める。そこに塩少々（分量外）で下味をつけた豚肉を入れ、焼き色がついたら一度取り出す。
4. 鍋にしいたけの戻し汁と残り4カップの水を注ぎ、野菜類と豆腐を入れその上に3の豚肉をのせる。蓋をして**中火**にかけ、沸いてきたら**弱火**にして10分加熱する。器に盛り、お好みで塩やこしょう、柚子こしょう、ラー油をかけていただく。

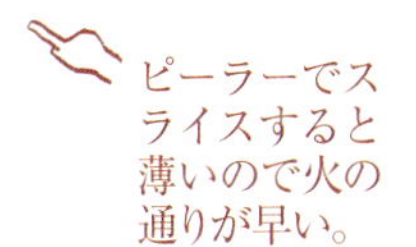

アイオリソースのミネストローネ

無水調理で素材の旨みを引き立てたミネストローネ。そのままでも美味しいけれど、にんにく&レモンが香るマヨネーズ「アイオリソース」でコクをプラス。味の変化を楽しんで。

◎材料（4人分）

A
- ベーコン（塊）...... 100g
- 玉ねぎ 1/2個
- にんじん 1本
- なす 1本
- ズッキーニ 1本
- セロリ 1/2本

キャベツ（葉）...... 3枚
カットトマト缶 2缶
にんにく 1かけ
オリーブオイル 大さじ2
塩・こしょう ...... 適量
ローリエ 1枚

【アイオリソース】

B
- 卵黄 1個
- レモン汁 大さじ1
- 塩 小さじ1/2

にんにく 1/2かけ
レモン（皮）...... 少々
オリーブオイル 150ml

◎作り方

1 Aの材料は1cm角に切る。キャベツは1cm四方に切る。にんにくはみじん切りにする。

2 鍋に蓋をして**中火**で3分ほど予熱にかけ、オリーブオイルとにんにくを入れる。香りが立ってきたら1の具材と塩・こしょうを加えひと混ぜし、**弱火**にして10分加熱する。

この段階で無水調理し、素材の旨みを引きだす。

3 野菜がしんなりしたらトマト缶とローリエを加え、蓋をしてさらに**弱火**で15分加熱する。

4 アイオリソースを作る。Bの材料をミキサーにかけ、オリーブオイルを少量ずつ加えて撹拌してマヨネーズを作る。そこにすりおろしたにんにくとすりおろしたレモンの皮を加えて混ぜる。

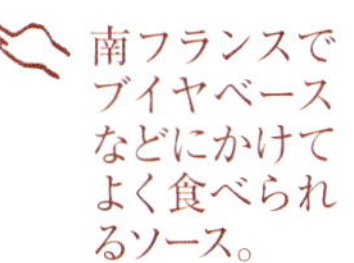

5 ミネストローネは仕上げに塩・こしょうで味を調え、アイオリソースを添える。

余ったら、パスタを加えて
「スープパスタ」にリメイク！

作り方
茹でたパスタ（写真はリボン型のファルファッレ）をミネストローネに加えて少し煮込み、粉チーズを振るだけでスープパスタに変身。翌日の朝食やランチにおすすめ。

トムヤムクン

辛くて酸っぱくてほんのり甘い…、五感を刺激する風味がクセになるトムヤムクン。
調味料を揃えるのは大変だけど、本場さながらの味が再現できます！

◎材料（4人分）

A
- 有頭海老 4尾
- トマト（ざく切り）...... 1個
- しめじ 1/2袋
- たけのこ（薄切り）...... 50g

オリーブオイル 大さじ1
しょうが・にんにく 各1/2かけ

B
- 玉ねぎ 1個
- 唐辛子 1本
- 干し海老 大さじ3

水 700ml
こぶみかんの葉 2枚
レモングラス 10本
ココナッツミルク 1/2缶
パクチー（根付）...... 1把

C
- ナンプラー 大さじ2
- きび砂糖 大さじ1と1/2
- レモン汁 1/2個分

◎作り方

1. Bの材料は細かいみじん切りにしておく。パクチーは根だけ切り落とし、みじん切りにする。
2. 鍋に蓋をして**中火**で3分ほど予熱にかけ、**弱火**にしてオリーブオイルとみじん切りにしたにんにく、しょうがを炒め、Bの材料とパクチーの根を加えて香りを出す。
3. 水を加え、そこにAの具材とこぶみかんの葉、レモングラスを入れ**弱火**で15分加熱する。
4. ココナッツミルクを加えてからCの材料で味を調え、刻んだパクチーを散らす。

ココナッツミルクを加えたら煮立たせないように注意。

ソパデアホ

ソパデアホとはスペイン語で「にんにくのスープ」のこと。残って固くなったバゲットや余りがちなお麩を有効活用して、心も体も元気になれるあったかスープを。

◎材料（4人分）

にんにく 8かけ
玉ねぎ 1個
スライスベーコン 5枚
バゲット 15cm程度
水 5カップ
卵 3個
オリーブオイル 大さじ3
塩 ...... 適量
パプリカパウダー ...... 少々
パセリ ...... 適量

◎作り方

1 にんにくは皮をむき、軽く叩く。玉ねぎは薄切りにする。ベーコンは1cm幅、バゲットは1～2cm幅に切る。パセリはみじん切りにする。

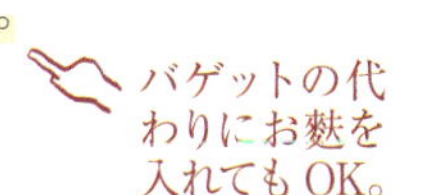

バゲットの代わりにお麩を入れてもOK。

2 蓋をして**中火**で3分予熱し、オリーブオイルとにんにくを入れたら**弱火**にしてじっくりと香りをだす。そこに1の玉ねぎとベーコンを加えてさらに炒め、玉ねぎがあめ色になってきたら水を注ぎ、蓋をして**弱火**で15分加熱する。

3 塩で味を調え、バゲットを入れ、割りほぐした卵をまわし入れたら火を止め、蓋をする。1～2分待ったら、仕上げにパプリカパウダーとパセリを散らす。

旅先で出合う美味しいもの

仕事やプライベートで、いろんな国や土地に行きます。そんな僕の楽しみは、その土地でしか出合えない美味しいものに巡り合うこと。カナダに行けばメープルシロップ、新潟ではかんずりと特産品を買ってきては、「どうやって料理に使おう」と考えるのが楽しみです。見たこともない調味料なんていうものもあったりして、ワクワクするんですよね。

例えば、この本で紹介している「めちゃうま豚の角煮」（→ P23）も、元々は沖縄で食べたラフテーの味が忘れられなくて、自分で作ってみようと思い立ったのがレシピ考案のきっかけ。沖縄で買ってきた泡盛と黒糖を使って作ったら、めちゃくちゃ美味しくできて驚きました。レシピでは酒を使っているけど、泡盛にするとラフテーになるんです。ぜひ試してみてください。その他、「トムヤムクン」（→ P60）は最近、行ったタイで食べて感激して、その本場の味になんとか近づけたいと試行錯誤して完成したレシピ。美味しかった店では「これ、どうやって作ってるんですか?」と聞いちゃうことも。そうやっていろんな技を吸収してできているんです。

まだまだ国内も国外も行ってみたいところも、食べてみたいものも多いのだけど、どこに行っても目が行くのは食材。いつも海外旅行では行きのスーツケースはガラガラなのに、帰りはボトルのナンプラーやら麺やら調味料やらでパンパンになる。買って来た食材を使って料理をして、現地を思い出しながら味わう、それが僕の旅の醍醐味ですね。

タイで食べたグリーンカレー。フレッシュなハーブを使っているからか香りがめちゃ良かった。

南イタリア・ナポリにて。マルゲリータ発祥の地で食べた本場の味に感激。

同じくタイで食べた大好物の「ソムタム」（青パパイヤのサラダ）。しっかり辛いのが好み。

3 章

バーミキュラで「アイデア」レシピ

長いもをホワイトソース風にしたり、冷蔵庫に余りがちな食材を上手く活用したり……、
さまざまなアイデアが光る料理を集めました。
「アイデア料理でもちゃんと本格的な味」、それがバーミキュラの醍醐味。

バーミキュラで
おもてなしパーティー！

アイデア料理とは言え、
安っぽく見せないのが馬場ちゃん流。
パーティーが華やぐ、
とっておき料理の饗宴です。

油揚げのお楽しみ巾着

野菜で彩りシュウマイ

カラーピーマンファルシ

長いもホワイトソースドリア

油揚げのお楽しみ巾着

油揚げの中に肉だね&お楽しみ具材を入れて巾着に。食べるまで中の具材がわからないドキドキ感がパーティーを盛り上げてくれます。

◎材料（4人分／12個）

鶏むね肉 ...... 2枚（400～500g）
玉ねぎ 1/2個
油揚げ 6枚
A
- 塩 小さじ1
- こしょう ...... 少々
- しょうゆ 小さじ1

ちくわ 1本
中の具材（プチトマトやスモークチーズ、うずらの卵、ウインナーなどお好みで）...... 適量
クッキングシート ...... 適量

◎作り方

1 鶏肉は細かく切り、さらに包丁でたたいて粗いミンチ状にする。玉ねぎはみじん切りにする。ボウルに鶏肉と玉ねぎ、Aの調味料を入れ、よく混ぜる。

簡単にするなら鶏ひき肉を使用してもOK。

2 油揚げは半分に切り、中を開いて1の肉だねを詰め、お好みの具材を1つ中心に入れる。5㎜幅に切ったちくわで油揚げの口を閉じる。

3 鍋に大さじ2の水（分量外）を入れ、クッキングシートをしき、その上に2の巾着をのせる。蓋をして**弱火**で20分加熱する。

野菜で彩りシュウマイ

シュウマイの皮を使わず、刻んだ野菜を皮にしてしまうアイデアレシピ。小麦粉でできた皮よりヘルシーな上に彩りもキレイになります。

◎材料（4人分／12個）

豚ひき肉 250g
A
- 長ねぎ（白い部分）...... 1/2本
- しょうが 1かけ
- 干し桜海老 20g

B
- 酒 大さじ1
- しょうゆ 小さじ2
- オイスターソース 小さじ1
- 塩 小さじ1
- こしょう ...... 少々
- ごま油 小さじ1

片栗粉 ...... 適量
キャベツ（葉）...... 1枚
にんじん 1/2本
もやし 1/3袋
クッキングシート ...... 適量

◎作り方

1 Aの材料はみじん切りにする。キャベツとにんじんはせん切りに、もやしは細かく刻む。

2 ボウルに豚肉とAの材料、Bの調味料を入れ、粘りが出るまで混ぜ合わせ、12個にわけて丸める。

3 2の肉だねに片栗粉をまぶしてからキャベツを、ぎゅっとにぎるようにまんべんなくつける。にんじんともやしも同様にする。

4 鍋に大さじ1の水（分量外）を入れ、クッキングシートをしき、その上に3のシュウマイをのせる。蓋をして**弱火**で15分加熱する。

カラーピーマンファルシ

おなじみの定番おかず“ピーマンの肉詰め”をアレンジしてオシャレ&エスニックな味わいに。冷めても美味しいのでお弁当のおかずにも◎です。

◎材料（4人分／12個）

合いびき肉 250g

カラーピーマン 3個

A
- 塩 小さじ1
- こしょう ...... 少々
- チリパウダー 小さじ1/2
- 牛乳 大さじ2
- パン粉 大さじ1
- 卵 1個

片栗粉 ...... 適量

オリーブオイル 大さじ1

◎作り方

1 カラーピーマンはヘタと種をとり、2cm幅の輪切りにする。

2 ボウルで合いびき肉とAの調味料を混ぜ合わせ、12個にわけて丸める。

3 カラーピーマンの内側に片栗粉をまぶし、中に2の肉だねを詰める。

焼き縮みするので肉だねは多めに詰めること。

4 鍋に蓋をして**中火**で3分予熱にかけ、**弱火**にしてオリーブオイルを入れ、そこに3のファルシを並べる。

5 焼き色がついたらひっくり返し、蓋をして5分蒸し焼きにする。

長いもホワイトソースドリア

長いものとろとろ感を利用して、和製のホワイトソースに見たてたあっさり味のドリア。コクはツナととろ〜りチーズでプラスします。

◎材料（4人分）

ツナ缶 1缶

玉ねぎ 1/2個

冷凍枝豆 100g

冷ごはん 茶碗2杯分

A
- 塩・こしょう ...... 各適量
- しょうゆ 小さじ2

牛乳 100ml

長いも 100g

B
- 塩 小さじ1/2
- こしょう ...... 少々
- ナツメグ ...... 少々
- 薄口しょうゆ 小さじ1

ピザ用チーズ ...... 適量

青ねぎ ...... 適量

◎作り方

1 玉ねぎはみじん切りに、枝豆はさやから出す。長いもはすりおろす。

2 鍋に蓋をして**中火**で3分予熱にかけ、**弱火**にしてツナ缶を油ごと入れ、玉ねぎと枝豆も加えて炒める。

3 冷ごはんを加え、全体に油がまわったら、Aの調味料で味付けし、蓋をして火を止める。

4 ボウルに長いもを入れ、牛乳を少しずつ加えてなめらかにしていく。Bの調味料を加えて混ぜ合わせたら、3の鍋の上に静かに流し入れる。

5 鍋に蓋をして**ごく弱火**で8分加熱し、ピザ用チーズを散らし、さらに**ごく弱火**で5分加熱する。仕上げに小口切りにした青ねぎを散らす。

クラムチャウダーうどん

乾麺のうどんをそのままスープに投入してしまうレシピ。うどんを茹でる手間がはぶける上に、乾麺の粉気により自然なとろみが生み出され、クリーミーな絶品うどんに仕上がります。

◎材料（4人分）

アサリむき身（缶）...... 1缶
玉ねぎ 1個
じゃがいも 1個
にんじん 1本
マッシュルーム 1パック
スライスベーコン 2枚
オリーブオイル 大さじ1
牛乳 500ml
水 500ml
乾燥うどん ...... 2束（200g）
A 塩 小さじ1
　こしょう ...... 少々
　薄口しょうゆ 小さじ1
青ねぎ ...... お好みで

◎作り方

1 玉ねぎは薄切りに、じゃがいもはいちょう切り、にんじんはせん切り、ベーコンとマッシュルームは5㎜幅に切る。

野菜はダイスカットでも可。その場合、加熱時間を長くする。

2 鍋に蓋をして**中火**で3分予熱にかけ、オリーブオイルで1の材料を炒める。そこにアサリの缶詰を汁ごと加え、牛乳と水も入れ、蓋をして**弱火**で10分加熱する。

ここがポイント。これが旨味になる。

3 乾燥うどんを加え、ほぐすように全体を混ぜ合わせたら、蓋をしないままで麺がやわらかくなるまで煮込む。

煮込み時間はうどんの袋の記載の通りに。

4 Aの調味料で味を調え、お好みで小口切りにした青ねぎなどを散らす。

乾物の旨みたっぷりごはん

乾物の旨みがたっぷり染み出たふっくらごはんに卵をトッピング。炊きあがったごはんにクッキングシートをはさむかどうかで、「おじや風」「オムライス風」と様々な楽しみ方ができます。

◎材料（4人分）

米 2合

A
- 雑穀米 15g
- 押し麦 20g
- 水 50ml

B
- 棒ダラ 8g
- 干し海老 5g
- 干し貝柱 5g
- 切り干し大根 5g
- 干ししいたけ 3枚
- 水 360ml

塩 小さじ1

薄口しょうゆ 大さじ1/2

卵 2個

長いも 100g

塩・昆布茶 各小さじ1/2

水菜・大葉・三つ葉 ...... 各適量

◎作り方

1 米を研いでザルにあげ水けをきり、鍋に入れる。それぞれ水につけ戻したAとBを鍋に入れ、塩と薄口しょうゆを加えひと混ぜする。

2 蓋をして**中火**にかけ、蓋の間から蒸気が上がってきたら**弱火**にして10分加熱する。

3 ボウルに卵を割りほぐし、そこにすりおろした長いも、塩、昆布茶を加え混ぜ合わせる。

4 2のごはんに3の卵を注ぎ入れる。このとき、卵が全体に混ざった「おじや風」か、ふわとろの半熟卵の「オムライス風」かで方法が異なるので注意。「オムライス風」にするならごはんの上にクッキングシートをしき、卵をそっと注ぐ。

5 蓋をして**ごく弱火**で10分、火を止めて10分蒸らす。仕上げに刻んだ水菜、大葉、三つ葉を散らす。

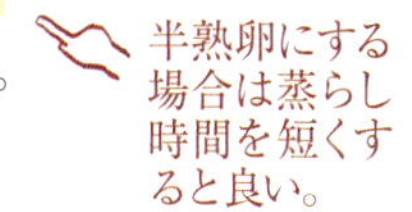

Point

ごはんはそのまま炊いて、4の段階でクッキングシートをしかずに卵を流し入れると左ページの「おじや風」になります。

ケランチム

韓国の茶碗蒸しであるケランチム。シンプルな材料ながら、ふわっふわの卵の食感はやみつきに。密閉性が高く、火が均等に入るバーミキュラだから美味しくできます。

◎材料（4人分）

卵 6個

A
- 水 300ml
- かつお節 2パック
- 昆布茶 小さじ1

カニ風味かまぼこ 5本

ごま油 ...... 適量

青ねぎ ...... 適量

※写真は14cmの鍋を使用

◎作り方

1 鍋の底から半分くらいまでにごま油を塗っておく。カニ風味かまぼこはほぐしておく。

2 鍋にAの調味料を入れて**中火**にかけ、沸騰したら**弱火**にする。

3 2の鍋に割りほぐした卵を中心部から渦巻き状に入れ、外側から中心へと集めるような感じで混ぜていき、全体に半熟状になったらカニ風味かまぼこを加え、蓋をして**ごく弱火**で5分加熱する。

ここで細かく混ぜすぎないこと。やさしく1〜2回混ぜるぐらいでOK。

4 仕上げに小口切りにした青ねぎを散らす。

なんちゃって台湾混ぜそば

麺の上にピリ辛のひき肉やねぎ、にらなどがのった「台湾混ぜそば」ですが、麺をもやしで代用しヘルシーに。ただし、ごはんがどんどん進む味なので注意して！

◎材料（4人分）

豚ひき肉 …… 250g
豆もやし …… 2袋
玉ねぎ …… 1/4 個
にんじん …… 1/2 本
にら …… 1 束

A
- 長ねぎ（白い部分）…… 1/2 本
- しょうが・にんにく …… 各 1/2 かけ
- 豆板醤 …… 小さじ 2

ごま油 …… 大さじ 2

B
- 干し海老 …… 20g
- 酒・しょうゆ・オイスターソース …… 各大さじ 2
- 甜麺醤 …… 小さじ 2

◎作り方

1 玉ねぎは薄切りに、にんじんはせん切りに、にらは4cm長さに切る。長ねぎ、しょうが、にんにくはみじん切りにする。干し海老はぬるま湯（分量外）で戻し、細かく刻む。

2 鍋に蓋をして**中火**で3分予熱にかけ、ごま油とAの材料を入れ、香りが立ってきたら豚肉を加えてさらに炒める。玉ねぎとにんじん、Bの調味料を加え、ひと混ぜして蓋をして**弱火**で10分加熱する。

3 一度蓋を開け、2の上ににら、豆もやしの順にのせてさらに**弱火**で20分加熱する。

4 器に豆もやしを盛ってから、にらと具材をひと混ぜし、それを豆もやしの上にかける。お好みで食べるラー油（→ P92）や花山椒、卵黄をのせていただく。

火の入りが早い野菜は時間差で入れる。

変わりアヒージョ

にんにく風味のオリーブオイルで具材を煮込む「アヒージョ」。具材の組み合わせ次第で無限大に広がります。今回はちょっと変わった２品を紹介。どちらもお酒が進みます。

ささみとオリーブのアヒージョ

◎材料（２人分）

ささみ ２本
ブラックオリーブ 50g
プチトマト ４個
ズッキーニ ...... 1/4 本
A
- オリーブオイル １カップ
- にんにく １かけ
- アンチョビ ２切れ
- 赤唐辛子 １本

◎作り方

1 ささみは筋をとり、食べやすい大きさに切る。ブラックオリーブは輪切りに、プチトマトはヘタを取る。ズッキーニは半月切りにする。にんにくはみじん切りにし、赤唐辛子は種を取る。
2 鍋にＡの材料を入れ、蓋をして**中火**にかけ、香りが出るまで加熱する。
3 １の具材を入れてひと混ぜし、蓋をして**弱火**で 10 分加熱する。

タコとアボカドのアヒージョ

◎材料（２人分）

茹でタコ 100g
アボカド １個
A
- オリーブオイル １カップ
- にんにく １かけ
- アンチョビ ２切れ
- 赤唐辛子 １本

パプリカパウダー ...... 適量
※写真はいずれも 14cmの鍋を使用

◎作り方

1 タコは食べやすい大きさに切る。アボカドは種を取り、タコと同じくらいの大きさに切る。にんにくはみじん切りにし、赤唐辛子は種を取る。
2 鍋にＡの材料を入れ、蓋をして**中火**にかけ、香りが出るまで加熱する。
3 タコとアボカドを入れてひと混ぜし、蓋をして**弱火**で５分加熱する。仕上げにパプリカパウダーを振る。

彩り野菜の煮びたし

煮立てただし汁に生でも食べられる野菜を入れて。味がじんわりなじむのを待ってからどうぞ。

◎材料（４人分） ※写真は14cmの鍋を使用

オクラ ８本　プチトマト １パック　みょうが ４本

A［だし汁 ２カップ　薄口しょうゆ 小さじ２　塩 小さじ１　酒 大さじ２　酢 小さじ1/2］

◎作り方

1 鍋にＡの調味液を加え、ひと煮立ちしたら火を止める。

2 １に味が染みるように切り込みを入れたオクラとみょうが、ヘタを取り穴を開けたプチトマトを加え、１時間ほど味をなじませる。

ローズマリー長いも

ローズマリーの風味をつけた長いもをカリカリに焼き、カレー粉で味付け。ビールが進む味です。

◎材料（4人分）

長いも 400g　オリーブオイル 大さじ4　ローズマリー（生）1本　A［塩 小さじ1　こしょう 適量　カレー粉 小さじ1/2］

◎作り方

1 長いもは皮付きのまま5㎝程の長さのスティック状に切る。ローズマリーは葉のみをしごきとる。
2 鍋に蓋をして**中火**で3分予熱にかけ、**弱火**にしてオリーブオイルと長いもとローズマリー、Aの調味料を入れて炒める。
3 軽く焼き色がついてきたら、蓋をして**中火**で5分加熱する。

甘辛もち豚巻き

もちを豚肉で巻いたものを甘辛い照り焼き風の味付けで。思わず箸が止まらなくなる美味しさ。

◎材料　（4人分）

切り角餅 4 個　豚ばら薄切り肉 8 枚　ししとう 1パック　オリーブオイル 大さじ1　A［しょうゆ・酒・みりん・砂糖 各大さじ 1］

◎作り方

1 もちは縦長になるように半分に切り、豚肉で巻いていく。
2 鍋に蓋をして**中火**で3分予熱にかけ、**弱火**にしてオリーブオイルを入れ、1の豚肉を並べ、焼き色をつける。
3 ししとうを加え、油がなじんだら混ぜ合わせたAの調味料を加え、蓋をして**弱火**で5分加熱する。

鯖(さば)の甘辛梅煮

冷蔵庫で余りがちな梅干しを使って、ふっくらやわらかな鯖の梅煮を。梅干しの効果で鯖の臭みを消してくれるだけでなく、風味もよくなります。

◎材料（4人分）

鯖（切り身）...... 4切れ

A
- 酒 150ml
- しょうゆ 大さじ4
- みりん 大さじ4
- ザラメ 大さじ2

しょうが 1かけ

梅干し 4粒

塩 小さじ1/2

◎作り方

1 鯖は皮目に切り込みを入れ、塩を振って10分ほどおいてから熱湯（分量外）をかけ、すぐに水にくぐらせてクッキングペーパーで水けをふく。しょうがは皮付きのまま薄切りに、梅干しは種を取っておく。

こうすることで鯖の生臭さを取り除く。

2 鍋にAの調味料と梅干し・しょうがを入れて**中火**にかけ、沸いてきたら1の鯖を皮目を上にして入れ、蓋をして**弱火**で25分加熱する。

18cmで作るなら…

鯖は2切れずつ調理を（同じ煮汁を使ってOK）。

スルメとこんにゃくの煮もの

スルメから出る旨みたっぷりのだしをこんにゃくと茹で卵に染み込ませた一品です。シンプルな素材をシンプルに調理、でも、深みのある“乙な味”。日本酒で一杯どうぞ。

◎材料（4人分）

スルメ（乾燥）……5切れ
こんにゃく……2丁
A
- しょうゆ……大さじ3
- 酒……大さじ1
- みりん……大さじ1
- 赤唐辛子……1本
- 水……300ml
- だし昆布……5cm程度

茹で卵……4個

◎作り方

1 こんにゃくは手でひと口大にちぎり、下茹でしておく。赤唐辛子は種を取り除く。

2 鍋にAの調味料を入れ、そこにスルメを入れ**中火**にかける。沸いてきたらこんにゃくと茹で卵を加えて、**弱火**にして20分加熱する。

途中で何度か混ぜると味が染み込む。

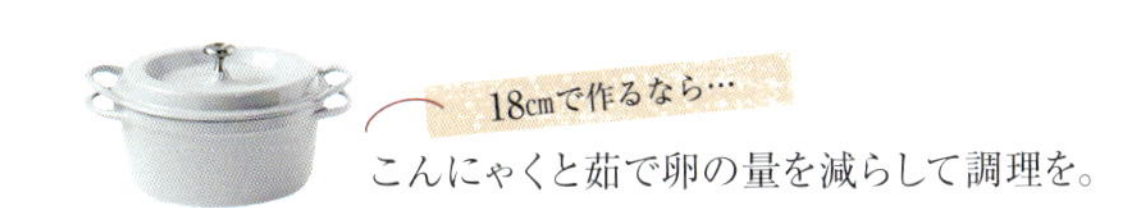

こんにゃくと茹で卵の量を減らして調理を。

BABA COLUMN 3

春夏秋冬、季節を大事に

今では一年を通して手に入る食材も多いですが、逆に旬のその時期にしか出回らないものもたくさんあります。そういうのはその時期にひと手間かけて仕込んでいます。P93でも紹介している柚子こしょうを始め、塩レモン、山椒の実の塩漬け、らっきょう、コーレーグス（島唐辛子を泡盛に漬けこんだ沖縄の調味料）など、家には自家製の調味料がたくさんあります。

「海南チキンライス」（→ P46）でごはんに添えているこしょうの実の塩漬けもそう。乾燥させていないこしょうの実を自分で塩漬けにしたらめちゃくちゃ美味しかった。スパイシーなんだけど、フレッシュ感があって、いろんな料理で活躍してます（右ページ写真右下）。

こういう手仕事は、確かに手間がかかるけれど、時間が経つことで味わいが変わっていく楽しみがあります。食べるときがすごく待ち遠しいんですよね。だから、そのひと手間をかけようという気になる。また、できあがった調味料をどんな料理に合わせたら美味しいかなって考えるとワクワクしてくるんです。

そういう意味では、今、僕がやっている農園もそう。宮城県仙台市に「ロバート馬場農園」と名付けた場所があり、「農業で住みます芸人 in 仙台」のキングビスケットと一緒に手掛けています。お米から野菜までいろいろと作っているんだけど、これまた時間をかけてどんどん育っていく様子を見ていけるのはすごく楽しい！　そして、収穫したばかりの野菜は鮮度が違う！　きゅうりもトゲトゲがめちゃくちゃあって、鮮度バツグン。畑に味噌を持ち込んでその場でかぶりつきました。

旬の時期に収穫して、そこで食べきれないものは保存食にする。昔から伝わることってやっぱりちゃんと意味があるんだなぁと、梅のヘタを取りながらそんなことを思います。

無農薬のレモンピールを使って作る爽やかな味わいの「塩レモン」。肉料理との相性◎。

収穫前の青々とした田んぼにてパチリ。

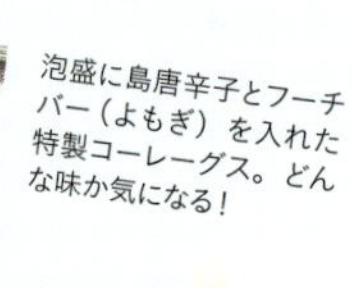

泡盛に島唐辛子とフーチバー（よもぎ）を入れた特製コーレーグス。どんな味か気になる！

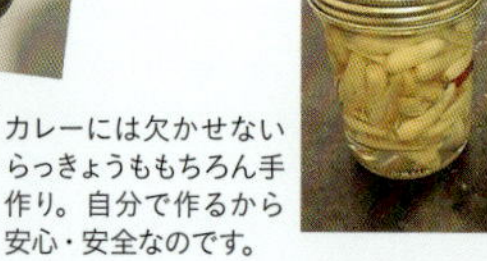

カレーには欠かせないらっきょうももちろん手作り。自分で作るから安心・安全なのです。

4 章

バーミキュラで「作りおき」レシピ

コンフィチュールやコンポート、トマトソースにツナのオイル漬けと、
さまざまな料理にアレンジできる「作りおきできるレシピ」を紹介します。
バーミキュラで作った料理をさらに美味しくする自家製調味料も掲載。

香ばしワッフル シロップ＆コンフィチュールを添えて

外側カリッ、中はふんわりなワッフルが焼けるのはバーミキュラのリブ底ならでは。みずみずしいグレープフルーツのコンフィチュールとハニージンジャーシロップ、２種を添えて。

香ばしワッフル

◎材料（２枚分）

A
- 薄力粉 …… 100g
- ベーキングパウダー …… 5g
- 砂糖 …… 大さじ３
- 塩 …… 少々
- 溶かしバター …… 30g

卵 …… １個
ザラメ …… 小さじ２
クッキングシート …… 適量

◎作り方

1 ボウルに卵を割りほぐし、Aの材料を加え、混ぜ合わせて生地を作る。
2 鍋にクッキングシートをしき、小さじ１のザラメを入れ、１の生地の半量を丸く広げる。蓋をして**中火**で１分30秒ほど加熱したら、**弱火**にして７～８分ほど加熱する。表面が乾燥してきたらひっくり返し、蓋をしてさらに**弱火**で２分加熱する。
3 もう一度２の工程を繰り返し、残りの１枚も焼く。

生地の表面が乾いていればOK。生っぽい場合はもう少し加熱を。

ハニージンジャーシロップ

◎材料（作りやすい分量）

しょうが …… 100g
グラニュー糖 …… 60g
はちみつ …… 大さじ１
シナモン（粉）…… 適量

◎作り方

1 しょうがは皮をむいて薄切りにする。
2 鍋に１のしょうがと残りの材料を加えひと混ぜし、そのまま１時間おいておく。
3 しょうがから水分が出たら、蓋をして**弱火**で30分加熱する。

なるべく薄くが理想、スライサーを使うと便利。

グレープフルーツのコンフィチュール

◎材料（作りやすい分量）

ピンクグレープフルーツ …… ２個（果汁含め500g）
グラニュー糖 …… 200g

◎作り方

1 グレープフルーツは皮をむき、薄皮を取り除いて身だけを取り出す。残った薄皮はギュッと絞って果汁を絞りきる。
2 鍋に１のグレープフルーツ＆果汁とグラニュー糖を加えひと混ぜし、そのまま１時間おいておく。
3 蓋をして**弱火**で20分加熱する。

しっかりとろみを付けるなら蓋をせずに汁だけを煮詰めるとよい。

角切りりんごのコンポート

家に余りがちな紅茶のティーバッグを使って風味&色付けしました。写真のようにアイスにのせてもよし、ヨーグルトに混ぜてもよし。りんごの旬の時季にたくさん作って保存を。

◎材料（作りやすい分量）

りんご ……2個

グラニュー糖 ……150g

レモン汁 ……1/2個分

ローズヒップティーバッグ ……1袋

※写真はバニラアイスの上にりんごのコンポートをトッピングしています。

◎作り方

1 りんごは1.5㎝ほどの角切りにする。変色しないように少量のレモン汁（分量外）をかける。りんごの皮はお茶パックに入れておく。

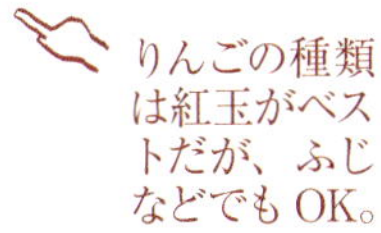

りんごの種類は紅玉がベストだが、ふじなどでもOK。

2 鍋に1のりんごとグラニュー糖とレモン汁を入れひと混ぜし、1時間ほどおいておく。

3 りんごから水分が出たら、ティーバッグと1のりんごの皮を入れ、蓋をして**弱火**で40分加熱し、火を止めてそのまま冷めるまでおく。

レモングラスやカモミールなどでもOKですが、ローズヒップだとキレイな色に。

皮に含まれるペクチンにより、彩りが良くなり、とろみもつく。

冷凍パイシートを使って

「アップルパイ」

作り方

冷凍のパイシートにりんごのコンポートをのせて包むだけ。上に溶き卵を塗って、オーブンで焼けば完成。焼きたてあつあつを召し上がれ！

ほっくりしっとり　焼きいも

火の通り方が均一なバーミキュラだから、シンプルな焼きいもも驚きの味に！
無水調理で、蒸し&焼きの状態を一度に作れるから美味しくなるのです。
自然の甘みを堪能して。

◎材料（作りやすい分量）

さつまいも …… 中2本

A
- 水 …… 2リットル
- 塩 …… 大さじ1

クッキングシート …… 適量

◎作り方

1 さつまいもは混ぜ合わせたAの塩水に60分ほどつけておく。

2 鍋に大さじ2の水（分量外）を入れ、クッキングシートをしき、塩水から取り出した1のさつまいもを並べる。

さつまいもが長い場合は半分に切ってもよい。

3 蓋をして**弱火**で40分加熱する。途中で蓋を開け、さつまいもをひっくり返すと焼き色がまんべんなく付く。

なめらかな口あたりが絶品！

「スイートポテト」

作り方

焼きいも1本分の中身をつぶし、砂糖100g、バター10g、生クリーム大さじ1を加えてなめらかなペーストに。好きな形に成形し、溶き卵を塗ってオーブンで焼けばできあがり。

自家製ツナのオイル漬け

マグロよりも安価なカツオでびっくりするほど美味しいツナをハンドメイド。
旨みがギュッと詰まったツナはそのままでも美味ですが、サラダにパスタに、
アレンジも自在です。

◎材料（作りやすい分量）

カツオ（さく）……1さく
塩……小さじ2
にんにく……1かけ
赤唐辛子……1本
ローリエ……1枚
オリーブオイル……500ml

◎作り方

1 カツオに小さじ1の塩をすり込み10分ほどおく。水分が出て来たらキッチンペーパーでふきとる。

2 にんにくは半分に切って芯をとり、叩いておく。赤唐辛子は種を取り除く。

3 鍋に1のカツオと2のにんにく、赤唐辛子、ローリエ、小さじ1の塩を入れ、オリーブオイルを注ぐ。オリーブオイルはカツオが1/3ほど浸かるぐらいを目安に入れる。

カツオのさくの形によって量の調整を。オイルも料理に使えるので多めでもOK。

4 鍋に蓋をして**弱火**で15分加熱し、火を止めてあら熱がとれるまでおく。

5 冷めたらあらめにほぐし、保存用のフリーザーバッグにオイルごと入れる。

オイルごと保存することで酸化するのを防ぐ。

特製ツナオイルも使って

「そうめんチャンプルー」

材料（4人分）

自家製ツナ……1さく
ツナオイル……大さじ1
そうめん……3束
にんじん……1本
玉ねぎ……1個
A
- 塩……小さじ1
- こしょう……少々
- 酒……小さじ1

青ねぎ……適量

作り方

①自家製ツナを食べやすくほぐす。にんじんはせん切り、玉ねぎは薄切りにする。そうめんを茹でておく。
②フライパンにツナオイルを入れ、①のにんじんと玉ねぎを炒める。しんなりしてきたら自家製ツナを加え、Aの調味料で味付けする。
③茹でたそうめんを入れ、ざっと炒め合わせる。器に盛り、小口切りにした青ねぎを散らす。

自家製トマトソース

バジルの香りでさわやかに仕上げた万能トマトソース。パスタにはもちろん、白身魚のフライなどのソースにもぴったり。旨みの強い完熟トマトを使うのが美味しさのコツです。

◎材料（作りやすい分量）

トマト 3個
玉ねぎ 1個
オリーブオイル 大さじ2
にんにく 1かけ
バジル（粉）...... 小さじ1
ローリエ 1枚
塩 ...... ひとつまみ
こしょう ...... 少々

◎作り方

1 トマトは皮ごとミキサーにかける。玉ねぎはみじん切りにする。にんにくは半分に切って、芯をとり、叩いておく。

皮と実の間に旨みがあるので皮ごと使用すること。

2 鍋に蓋をして**中火**で3分予熱にかけ、オリーブオイルとにんにくを入れ、香りが立ってきたら玉ねぎを加えて炒める。

3 玉ねぎが透き通ってきたらトマトを入れ、ひと混ぜする。

4 鍋に蓋をしてバジルとローリエを加えて**弱火**で30分加熱し、仕上げに塩・こしょうで味を調える。

ハーブ類はお好みで。タイムやオレガノもおすすめ。

卵×トマトのマリアージュ

「トマトソースオムレツ」

材料（4人分）
自家製トマトソース……適量
卵……8個
牛乳……大さじ4
塩……小さじ1
こしょう……少々
バター……20g

◎作り方
①ボウルに卵を割りほぐし、牛乳を加え、塩・こしょうで味付けする。
②フライパンでバター10gを溶かし、①の卵液の半量を一気に流し入れ、大きくかき混ぜる。半熟になったらオムレツ状に包み、器に盛る。
③フライパンに残りのバター10gを入れ、残りの卵液を流し入れ、もう一度オムレツを焼く。
④自家製トマトソースをかけてできあがり。

バーミキュラ料理の味が広がる！
お手製の“食べる”調味料3種

蒸し野菜や鍋料理などで活躍する馬場ちゃん特製の食べる調味料。
料理のトッピングに添えるだけでなく、使い方はいろいろ。無限大に広がります！

食べるラー油

海老や貝柱などの乾物を使い、XO醤的に仕上げるラー油。貝柱や海老の戻し汁はスープに使うと◎。

◎材料（作りやすい分量）
干し貝柱 3個　干し海老 大さじ2　粉唐辛子 小さじ1　白ごま 大さじ2　ごま油 大さじ4　しょうゆ 小さじ1

◎作り方
1 干し貝柱と干し海老は水（分量外）で戻し、水分をきってからみじん切りにする。
2 フライパンにごま油を熱し、1を**弱火**で炒め、泡が細かくなったら粉唐辛子、白ごまも加え、じっくりと炒める。
3 火を止め、冷めてから仕上げにしょうゆを入れ、味を調える。

←粉唐辛子の量はお好みで増減を。

焦がしねぎ油

蒸したじゃがいもなどに合う焦がしねぎ。ごはんに加えて炒飯にしたり、ラーメンにのせても◎。

◎材料（作りやすい分量）
長ねぎ 1本　赤唐辛子 1本　オリーブオイル 150ml　しょうが 1かけ

◎作り方
1 長ねぎは青い部分も含めて粗みじん切りにする。しょうがもみじん切りにする。赤唐辛子は種を取っておく。
2 フライパンに1の材料とオリーブオイルを入れ、**強火**で加熱し、沸いてきたら**弱火**で時間をかけてじっくり加熱する。
3 ねぎが色づいてきたら焦げないように注意しながら炒める。←保存する場合はしっかり油につけること。

柚子こしょう

さわやかな柚子の香りと青唐辛子の辛さが絡み合う九州特産の調味料。辛さはお好みで調節を。

◎材料（作りやすい分量）
青柚子（または黄柚子）　大2個　青唐辛子 20g（ただし辛さを見ながら調節を）　塩 小さじ1

◎作り方
1 青柚子はピーラーで皮をむき、残った果肉は横半分に切って果汁をしぼる。青唐辛子の種は取り除く。
2 ミキサーに1の柚子の皮と果汁、青唐辛子、塩を入れて回す。←果汁は一度に入れず、固さを見ながら少しずつ加えていく。

おわりに

いかがでしたか？
何度もリピートしたくなる、お気に入りの料理はありましたか？

この本を作って、気が付いたことがあります。
それは、バーミキュラという鍋の無限の可能性です。
さすがにワッフルなんて焼けないかと思っていたけど、やってみたら外側サクサク、中ふわふわのものができて僕自身、驚きました。ほかにも、バーミキュラで炊くごはんが格別の美味しさで、気が付けばごはんのメニューが増えてしまいました（笑）。
とにかく使えば使うほど、この鍋の良さに気付かされることばかり。細かい部分の使いやすさもまさにジャパン・クオリティ。使うほどに愛着もわき、どんどん鍋に惚れ込んでいった気がします。

そして、バーミキュラで料理をすると、なぜだか少し豊かな気持ちになれるんです。おそらくそれは、この鍋を作るにあたり、職人の方がどれだけ魂を込めてひとつひとつに丁寧に向き合っているかを知っているからだと思います。こだわりが詰まった鍋だからこそ料理が美味しくなるし、気持ちの上でのスパイスにもなっている気がします。

だから、僕はこのバーミキュラの鍋は一生ものだなと。言ってみれば、僕の料理の上での「相方」と呼べる存在です。ずっと付き合っていける鍋に出合えたことはとても幸せだなと思います。

この本を出すにあたり、バーミキュラで作れる料理をいろいろと研究しましたが、僕のバーミキュラレシピの探究はまだまだ続きます。これからもバーミキュラの可能性を広げるような料理開発にいそしんでいきたいです。

バーミキュラのリペアサービス

バーミキュラは何度でも修理可能。ホーローがはげてきたら、一度ホーローをはがして、もう一度ホーロー加工をしてくれるサービスがあります（有料）。
だから、一生ものの鍋として長い付き合いも可能なのです。

バーミキュラでシンプルごはん

2016年10月9日初版発行

著者　馬場裕之
発行人　内田久喜
編集人　松野浩之

編集　粟野亜美
アートディレクション　高市美佳
撮影　清水奈緒
スタイリング　ダンノマリコ
イラスト　得地直美
フードコーディネート　大嶽公映
アドバイザー　大嶽寿子
企画・進行　南百瀬健太郎
営業　島津友彦（ワニブックス）

協力　愛知ドビー株式会社、メ～テレ（名古屋テレビ放送株式会社）
器協力　UTUWA　03-6447-0070
衣装協力　glamb　http://www.glamb.com/

発行
ヨシモトブックス
〒160-0022 東京都新宿区新宿 5-18-21
TEL：03-3209-8291

発売
株式会社ワニブックス
〒150-8482 東京都渋谷区恵比寿 4-4-9 えびす大黒ビル

印刷・製本　大日本印刷株式会社

ISBN978-4-8470-9494-1